KB076617

생활인을 위한 자기돌봄 비전퀘스트
<아이를 기다리는 시간>

생활인을 위한 자기돌봄 비전퀘스트
〈아이를 기다리는 시간〉

지은이   아난다 박미옥
발 행   2022년 9월 21일
펴낸이   아난다
펴낸곳   아난다 미디어
출판사등록   2021.9.10. 제2021-000292
주 소   서울특별시 강남구 압구정로 34길 49 302호
이메일   anandamiok@gmail.com

ISBN   979-11-976085-0-6(03120)

생활인을 위한 자기돌봄 비전퀘스트
〈아이를 기다리는 시간〉

아난다 박미옥

ANANDA MEDIA

contents

프롤로그 : 마흔세 살에 다시 사랑하다

돌이켜보면 마흔세 살은 내 삶에서 가장 어두운 시간이었다. 평생의 안전망이 되어주리라 믿었던 직장을 내 발로 걸어 나왔지만, 딱히 대책이 있는 것은 아니었다. 삶을 해치지 않는, 아니 삶과 더불어 상생하는 '일'을 만들어 내고야 말겠다는 호언과 함께 育我휴직을 시작한 지 8년차에 접어들었으나 여전히 도무지 출구가 보이지 않는 미궁 속을 하염없이 헤매고 있는 기분이었다. 일뿐만이 아니었다. 나다운 삶을 살아보겠다고 큰소리쳤지만 나 자신조차 그게 어떤 건지 헷갈리기만 했다. 엄마로서, 아내로서의 효능감도 바닥을 쳤다.

4년간의 육아휴직을 마치고 복직했다가 결국 퇴직을 선택한 것은 그저 '살기 위해서'였다. 몸과 마음은 일터와 가정에서의 기본적인 역할을 소화하는 것마저 버거울 만큼 지쳐 있었다. '이러다 정말 죽을 수도 있겠구나' 하는 신호가 수시로 왔다. 아니 차라리 이대로 죽어 버렸으면 좋겠다고 생각했던 적도 적지 않았다. 그 상태에서 내가 할 수 있는 선택은 마지막 순간까지 허덕이다 죽을 건지, 죽기 전까지만이라도 스스로를 쉬게 할 것인지 뿐인 것 같았다. 다행히 나는 후자를 선택했다. 그리고 더 다행스럽게도 충분히 쉬고 나자 내가 간절히 '살고 싶어한다'는 것을 알아차릴 수 있었다.

〈아이를 기다리는 시간〉(이하 '아기시')은 '죽음의 레이스'라 불리던 구본형변화경영연구소 연구원 과정에서 체험했던 자기변형 원리의 핵심을 동료엄마들이 부담없이 경험할 수 있도록 재구성한 프로그램이다. 받은 가르침을 사회에 환원한다는 스승과의 약속도 약속이었지만, 무엇보다 내게 스승과 같은 길을 가고 싶다는 꿈을 이루어낼 자질이 있는지 스스로 검증해보고 싶어서 만든 프로그램이기도 했다.

'신청자가 없으면 어쩌나, 내가 잘해 낼 수 있을까' 걱정이 앞섰지만, 공지를 내자 뜻하지 않게 신청자가 모였고, 더더욱 뜻하지 않게 그들이 보여주는 폭발적인 반응에 진행하던 내가 오히려 깜짝 놀랄 정도였다. 프로그램이 끝나갈 무렵 눈에 띄게 평화로워진 그들을 보며 우쭐해지기도 했다. 내가 대체 뭘 한 거지? 타고난 재능이 맞는 건가?

그러나 나는 그 시간을 마냥 즐길 수가 없었다. 그들의 변화를 지켜보는 것은 너무나 흐뭇한 일이었지만, 그들의 엄마 노릇을 하느라 정작 내 아이들을 돌볼 기력이 없을 정도인 데다가, 멀쩡한 직장 놔두고 언제까지 자원봉사만 하고 있을 수는 없다는 조바심은 그보다 더 세차게 나를 흔들었다. 여기에 이런 번잡스런 내면을 들키지 않으려는 추가의 노력까지 해야 했으니 〈아기씨〉는 내게 기쁨이기보다는 버거움으로 기억되는 장면의 하나였다. 그래서 슬쩍 지워버린 꿈 중 하나이기도 했다. 4년을 꽉 채워가던 육아휴직을 마치고 복직을 결심한 것도 이와 무관할 리가 없다. 괜한 욕심부리느라 무리하지 말고 가진 것이나 알뜰히 지키며 살아가기로 마음을 다잡았던 거다.

하지만 그리 돌아간 일터였기에 어떻게든 버텨보겠다고 안간힘을 썼건만 그 현장을 지켜낼 수가 없었다. 그렇게 그동안 쌓아왔던 모든 것이 무너져내려 다시 '어떻게 살아야 할지'가 막막해진 상황이 되자 〈아기씨〉가 떠올랐다. 그리고 다시 파일을 열어 홀린 듯 '셀프 인터뷰'를 작성하면서 〈아기씨〉는 바로 이 순간의 나를 위해 미리 만들어 두었던 프로그램었다는 생각이 들었다.

'뭐가 그렇게 널 힘들게 하는 거니? 진짜로 살고 싶은 삶은 어떤 거니? 그 삶을 만나는 걸 망설이게 하는 건 뭐니? 그래도 포기할 수 없다면 그 삶을 위해 지금 여기서 무엇을 할 수 있겠니?' 등등 그렇게 한 사람의 간절한 참가자로 아무도 물어주지 않았기에 대답할 기회조차 갖지 못했던 질문들에 온 마음을 다해 답하는 시간을 보낼 수 있었다.

8년간 그리 치열하게 노력했음에도 불구하고 별반 달라진 것 없는, 아니 오히려 더 못해진 것만 같은 스스로의 민낯을 확인하는 것은 솔직히 신나는 작업은 아니었다. 이 우울한 기록을 남기는 것이 대체 무슨 의미가 있는지에 대한 의심이 나를 가장 힘들게 한 저항이었다. 하지만 8년간의 시행착오를 통해 모든 변화는 '지금 여기의 있는 그대로의 나'로부터 시작된다는 것만은 분명히 깨우치고 있었던 나로서는 다른 선택지가 없었다. 그저 묵묵히 묻고 답하며 자신을 대면해 내는 수밖에. 그리고 그 기록들을 굳이 인쇄해 마치 남의 이야기인 듯 밑줄 긋고 메모해가며 읽고 또 읽었다. 그러자 내 이야기라고 생각할 때는 막막하기만 하던 그녀를 위한 길이 조금씩 열려가는 것이 보이기 시작했다.

그로부터 4년이 흐른 지금 다시 원고를 읽으며 내 자신의 눈을 의심한다. 쓰던 당시에는 지질하기 이를 데 없게 느껴지던 그 기록들이 어쩌면 이렇게도 다른 느낌으로 다가올 수 있는지. 무엇보다 그 암담한 심연에서 쓰러지고 또 쓰러지기를 셀 수 없이 반복하는 스스로를 포기하지 않고 다독이고 달래서 일으켜 세워가며 지금까지 살아낸 자신이 대견해서, 아니 존경스러워 기립박수라도 쳐주고 싶은 심정이다.

다음으로 밀려온 감정은 안도감이다. '이런 나와 함께라면 아무것도 두려울 것이 없겠구나! 어디서 무엇을 하며 살아도 정말 잘 살 수 있겠구나!' 마지막으로 찾아온 것이 머리로, 입으로만 주장하던 것을 몸으로 직접 체험해 낸 경험이 주는 뭐라 표현할 수 없는 성취감. 이제는 사랑하는 이들, 누구보다 나의 아이들에게 엄마가 직접 탐험하며 검증해낸 자기변형의 지도를 건넬 수 있게 되었다는 기쁨이다. 그러니 '생활인을 위한 변화경영 가이드'라는 보물을 찾아 떠난 여정에서 그 시간은 가장 깊은 심연이자, 가장 빛나는 보물섬이었던 거다.

이 기록을 읽다 보면 보내버린 과거와 아직 오지 않은 미래 사이에서 어쩔 줄 몰라 하던, 이제는 정말 모든 것이 다 끝났다고 좌절하던 그 어둡던 시간들이야말로 그토록 원하던 새로운 내가 다시 태어나는 재탄생의 순간이었다는 것을 도무지 부정할 수가 없어진다. 그토록 찾아 헤매던 '깊이 받아들여지는 연결감'이란 스스로를 깊게 돌아보고 돌볼 수 있게 된 존재, 다시 말해 자기 자신과의 연결을 회복해낸 존재에게만 허락되는 축복의 성역임을 받아들일 수 밖에 없어진다.

물론 안다. 삶의 여정이 아직 끝나지 않았으니 또 어김없이 '심연'의 시간을 맞이하게 되리라는 것을. 그래서 마음먹는다. 언제나처럼 이 모든 깨달음들을 홀랑 다 까먹고 마치 난생처음 겪어보는 어려움인 듯 겁에 질려 어쩔 줄 몰라 할 미래의 나를 위한 〈자기돌봄 가이드북〉을 만들어 놓기로. (여기에서 또 일 년이 흘렀다.)

내용을 정리하고 표지디자인까지 마쳐 금방이라도 책이 될 것 같았던 원고를 책의 모양새로 세상에 내놓는데 꼬박 1년이 걸렸다. 마지막 한 스텝을 망설이게 했던 것은 지극히 개인적인 서사의 가치와 효용에 관한 물음표였다. 나에게는 너무나 소중한 기록이지만, 이것이 과연 타인에게도 의미를 가질까? 혼자서는 답을 낼 수 없는 이 질문에 대한 대답을 얻기 위한 또 한 번의 모험이 필요하다는 의미이기도 했다.

그렇게 또 다른 나 파랑님과 소나님을 만나 서로의 〈아이를 기다리는 시간〉을 함께 하며 각자의 이야기는 이미 개인적 특수성을 넘어선 우리 모두의 이야기임을 온전히 체험하게 되었다. 그리고 나서야 마침내 우리가 스스로를 돌보는 과정에서 만났던 수없이 많은 작은 기쁨들을 당신에게 전할 결심을 할 수 있었다. 그렇게 그 순간의 우리와 같은 마음으로 믿고 따라갈 수 있는 자기돌봄 가이드를 간절히 찾고 있는 당신께 이 책을 전할 수 있게 되었다.

이 책은 충만한 삶을 살면서도 아이를 잘 키울 수 있는 방법을 찾고 있는 엄마를 위한 책이다. '엄마'가 아니라도 일이냐 가정이냐, 꿈이냐 현실이냐, 돈이냐 사람이냐 해야 하는 일이냐 하고 싶은 일이냐 등등 이것이냐 저것이냐의 선택게임으로 지쳐가는 당신이라면 일단 읽어보기를 권한다.

어쩌면 당신도 우리처럼 온 우주에서 오직 당신만이 만날 수 있는 당신 안의 그 아이의 이야기에 귀 기울이고 싶어질지도 모르니까. 그렇게 내 안의 그 아이를 돌(아)보는 시간을 누리다 보면 원하는 삶을 살기 위해 지금 여기 내가 머무는 현장에서 바로 시작할 수 있는 그것을 발견하게 될 테니까. 그 발견이 원하는 모든 변화의 시작임을 온몸으로 이해하게 될 테니까. 당신을 이 아름다운 세상으로 초대해준 부모님을 비롯해 당신이 스스로를 돌볼 수 있도록 안내해주고 기다려준 모든 스승들께 온 마음을 다해 감사하게 될 테니까.

부디 당신이 오랫동안 애타게 당신을 기다려온 당신 안의 빛나는 그 아이와 만날 수 있게 되기를, 그리하여 이윽고 나와 세상을 다시 사랑할 수 있게 된 당신만의 아름다운 여정의 기쁨을 누릴 수 있게 되기를 간절히 소망하며 우리의 가장 뜨거웠던 순간들의 이야기를 시작한다.

2022년 가을
압구정 『아난다 프랙티스』 스튜디오에서

제 | 주 보내지 않을 편지

♥ 결혼 전의 나에게 현재의 내가 보내는 편지

안녕!

어린 미옥아. 나는 마흔셋의 너야. 믿을 수 없다고? 이해해. 하지만 사실인걸. 헛것을 본 것은 절대 아니니까 안심해도 좋아. 그런 논쟁을 하기엔 너무 중요한 이야기가 있거든.

우선 네가 가장 궁금해 할 이야기부터 해야겠지? 결론적으로 15년 뒤의 너는 아주 잘 살고 있어. 2년 뒤에 결혼했고 아이도 둘 낳았어. 남편은 지금 네가 원하는 딱 그런 사람. 너보다 15센치 크고, 학력고사 점수도 높고, 만원이라도 더 버는 것이 확실한 남자. 28년 살아온 지혜를 모아 모아 엄선한 배우자 선택의 기준. 그를 만났을 땐 그냥 막 신기했어. 마치 내 머릿속에서 걸어나온 것 같은 사람이었으니까. 그를 만난 지 30

분이 채 지나지 않아 '이 남자랑 결혼하게 되겠구나!' 하는 느낌이 왔지. 그 느낌이 현실로 구현되는데도 채 6개월이 걸리지 않았고. 그리고 지금까지 13년을 함께 살고 있어.

결혼생활도 그리 꿈결같냐구? 글쎄, 그건 한마디로 대답할 수 있는 질문은 아니네. 그렇지만 짐작하고 있지? 나 아주 잘 살고 있다고 이미 말해줬으니까. 오늘까지 오는 것이 쉽지는 않았어. 아마 그에게 물어도 비슷한 대답을 할 거고. 하지만 돌이켜보니 그와 나누었던 다툼들과 갈등들은 그가 아니었더라도 그만큼 깊은 관계를 만들어가기 위해서는 피할 수 없는 과정이었다는 생각이 들어. 무슨 이야기하는지 모르겠지? 그래. 당연해. 하지만 너무 걱정은 안 해도 돼. 쉽지는 않았지만 네가 원하는 삶을 만들어가기 위해서는 반드시 필요한 과정이었고, 더 다행인 건 네 안엔 그 과정들을 감당해낼 만큼 충분한 힘이 있다는 얘기니까. 그래. 어쩌면 오늘 내가 네게 편지 쓸 기회를 얻은 것은 바로 그 이야기를 해주고 싶어서인지도 모르겠다.

TV 홈드라마에서 나올 법한 완벽한 가정을 꾸려가면서도, 폼나는 사회적 경제적 기여마저 더 할 수 있는 멋진 엄마가 되고 싶은 거잖아. 너. 15년이면 충분한 세월이라고 믿고 있을 테고. 그러니 네 생의 성패를 확인하고 싶겠지?

알아. 그런데 이건 어떻게 설명하면 좋을까? 솔직히 난 네가 기대하는 그 모든 것을 다 갖고 있지는 않아. 스물 여덟의 네 기준에서 보자면 성공보다는 실패에 가까울 수도 있지. 평생 일터가 되리라 믿었던 직장에서는 휴직과 복직을 반복하다 결국 15년 만에 퇴직을 하고 말았고, 여전히 서툴기만 한 살림솜씨에 아직도 모르는 것이 너무나 많은 육아. 어쩌면 마흔 셋의 나는 스물 여덟의 너보다 훨씬 초라한 모습일지도 몰라. 실망이라고? 그리 만들고야 말거라는 의지로 오늘을 버티고 있는 네게는 너무나 미안한 말이지만 사실은 사실이니까.

하지만 미옥아. 이상하지? 분명히 네가 기대하는 '성공'의 모습은 아닌데도 신기하게도 마음이 참 좋다. 이제야 내 자리를 찾은 안도감이라면 이해할 수 있을까? 물론 이럴 줄 알았다면 쓸데없이 버티느라 시간을 낭비하지 않았을 텐데 하는 아쉬움은 있어. 조금 더 일찍 내 길을 받아들였더라면 지금쯤 어느 정도 모양새를 갖춘 삶의 주인이 되어있을 텐데 싶기도 하고. 그렇지만 오늘 너와 마주하고 있으니 왜 그리도 오래 망설일 수밖에 없었는지를 이해할 수 있을 것 같아. 이리도 완강한 너를 전혀 뜻하지 않은 이 곳까지 데려오는 것이 쉽기만 했다면 그게 더 이상한 일 아니겠니?

그래도 속상하다고? 알아. 그치만 너무 실망하진 말았으면 해. 네가 고집하는 그 그림도 '행복한 삶'을 위한 하나의 시나리오일 뿐인 거잖아. 설마 꼴랑 스물 여덟 해 밖에 안 살았으면서 자신에게 필요한 모든 지혜를 다 갖고 있다고 주장할 셈은 아니지? 다행히 넌 그걸 너무 늦지 않은 시점에 알아차렸고 필요한 배움을 게을리 하지 않았던 덕에 이 자리까지 올 수 있었던 거야. 그러니 얼마나 감사한 일이니?

그래도 마냥 태평히 있을 때는 아니지 않냐구? 마흔셋에 왕초보 살림실력의 경력단절녀가 그저 만족스럽기만 한 포지션은 아니지 않냐구? 그럴지도 모르지. 그렇지만 너무 조바심내지 않으려고 해. 서둘러서 해결될 일이 아니라는 걸 너무나 잘 아니까. 스물여덟인 너는 아직 잘 모르겠지만 마흔셋은 다시 시작하기에 충분히 젊은 나이거든.

됐고, 그러니까 15년 후엔 어찌 살 예정이냐구? 글쎄, 솔직히 자세한 건 잘 모르겠어. 하지만 분명히 난 충분히 행복할 거야. 마흔셋을 기점으로 전반부의 삶이 내 길을 찾고 받아들이는 여행이었다면 앞으로 남은 삶은 애써 정착한 이곳을 더 아름다운 곳으로 만들기 위해 쓰여질 테니까.

뭐 꼭 이 곳이 아니라도 상관없어. 어디가 되었든 아마도 최선의 선택들이 거듭되어 도달하게 된 지점일테니까. 즐기지 못 할 이유가 하나도 없잖아?

그래도 정말 하나도 안 불안한 거냐고 묻고 싶은 거지? 불안하지 않다면 거짓말이겠지. 여기까지 오면서 내가 얼마나 부족한 사람인지도 분명히 알게 되었으니까. 걱정해봐야 아무 소용없다는 걸 머리로는 너무 잘 알면서도 문득 문득 '이런 내가 과연 뭘 해낼 수 있을까? 아무도 찾지 않는 천덕꾸러기 이기주의자로 살게 되는 거 아닐까? 이러다가 괜한 고생만 하다 가는 거 아닐까?' 하는 생각이 찾아오면 정신없이 나락으로 곤두박질치기도 해. 아마도 이 불안을 어찌 다루느냐가 남은 삶의 과제가 될 테고.

그래. 바로 이건가 보다. 오늘 내가 너를 찾아온 이유이자 네가 나를 맞이한 이유. 이 편지를 시작으로 앞으로 하루 두 시간씩 함께하며 '어떻게 하면 아이를 잘 키우면서도 충만한 삶을 살 수 있을까?' 하는 질문에 정성을 다해 대답해보기로 하자. 그럼 100일 후에는 조금 더 단단한 모습으로 서로를 마주할 수 있지 않을까? 8년 전에 우리가 그랬던 것처럼. 그간 〈아이를 기다리는 시간〉을 거쳐 간 도반들이 그랬던 것처럼.

♥ 한 때는 남자친구였던 남편에게 보내는 편지

든든한 내 남자, 당신에게

어제 저녁 '예쁘다, 예쁘다, 잘했다, 잘했다.' 따뜻하게 안아줘서 고마웠어요. 당신 품안에서 스르륵 잠들며 생각했죠. '이리 든든한 내 편이 있는데 뭘 그리 불안해하니?'

괜찮다 괜찮다 하면서도 문득 온몸에서 기운이 다 빠져나가는 기분이 들 때가 있어요. 여전히 아픈 제 안의 어느 곳인가가 건드려졌기 때문일 거예요. 이제 좀 나아졌나 싶었는데 아직은 아니었나봐요. 어쩌면 그래서 더 속상했을테구요.

당신 곁에서 한참 뒤척이다 일어나보니 세시였어요. 더 불안해졌죠. 고통스럽던 불면의 밤들이 떠올랐거든요. 깨어있을 때도 괴롭기는 마찬가지였죠. 머릿속에선 떠올리기조차 싫은 가슴 아픈 장면들이 쉬지 않고 상영되었어요. 가슴은 좀처럼 진정되지 않았죠. 낮보다 더 피곤한 밤을 보냈으니 아침이 개운할 리가요. 그렇게 일상은 점점 꼬여가고. 아무 것도 하지 않는데 몸과 마음은 너덜너덜 만신창이. 그러면 또 그날 분의 자책으로 잠 못 이루는 밤. 곁에서 당신은 얼마나 답답하고 힘들었을까요?

오늘도 좀처럼 가슴이 진정 되지가 않았어요. 그래서 노트북을 켜고 당신께 편지를 쓰기 시작한 거예요. 다행히 여기까지 써내려 가다 보니 조금은 진정이 되는 것 같아요. 그리 끔찍한 시간을 보낼 땐 정말 세상이 다 끝난 것처럼 느껴졌었는데 편지를 쓰다 보니 지난 몇 개월 정말로 거짓말처럼 평온하고 행복한 시간들을 보냈다는 사실이 떠올랐거든요.

지난 여름의 불안은 '집'에서 시작되었었죠. 이 타이밍에 굳이 집을 사야할까 머리를 갸우뚱거리던 시점이었어요. 무리하고 싶지 않았으니까요. 결혼한 지 10년이 넘어가도록 전셋집을 전전하는 아들 내외가 안타까우셨던 시부모님들 성화에 이 집 저 집 보러 다니긴 했지만 진짜로 집을 사게 될 줄 몰랐어요. 둘러보면 볼수록 역시 그나마 전세가 속 편할지도 모른다는 생각이 굳어갔으니까요. 그러다 본 마지막 집이 지금 우리 집이에요. 신기할 정도로 꿈에 그리던 그 집과 닮아있었어요. 그렇지만 처음부터 덥석 살 마음을 먹었던 건 아니에요. 가진 돈에 비해 무리가 되는 선택이 분명했으니까요. 그날 돌아와 계산기를 두드려보고 마음을 접기로 했죠. 그런데 자꾸만 이 집 생각이 났어요. 결국 다시 한번 집을 보기로 했고 그렇게 두 번째 보고 온 날 더 이상 망설이지 말자고 마음먹었죠.

14

아니 그건 '생각'이 아니었어요. 마치 운명에 이끌린 듯한 움직임이었으니까요.

좋은 사람들을 많이 초대할 수 있는 집을 만들고 싶었어요. 그들과 함께 누릴 수 있는 넉넉한 공간을 만들고 싶었죠. 그렇게 아름다운 인연이 싹트는 현장의 주인이 되고 싶었어요. 최선을 다해 스스로의 삶을 꾸려가는 사람들의 모습을 아이들에게 가까이서 보여주고 싶었어요. 이 공간이라면 그 소망들을 이뤄나가기에 부족함이 없겠다 싶었죠. 그런데 막상 일을 저질러놓고 나니 덜컥 겁이 났어요. 마음만 앞섰을 뿐 정작 아무런 대책이 없는 스스로를 발견한 거죠.

'괜한 짓을 했구나. 그냥 있는 거나 지키면서 살걸. 할 줄 아는 것도 아무것도 없는 주제에 욕심만 많이 가지고 이제 어쩔 거야? 어쩔 거냐구? 네가 그렇지. 그럴 줄 알았지. 제발 가만히 좀 있어. 사고 치지 말고 가만히 있자구. 아직도 정신을 못 차린 거야? 너 네가 믿고 싶은 것처럼 대단한 사람 아니야. 가만히 잠자코 있는 것이 모두를 돕는 길인 거 아직도 모르겠냐고?'

그러던 제가 어떻게 다시 마음을 추스를 수 있었을까요? 그 모든 전환은 순식간에 일어났어요. 감당하지 못할 것 같은 꿈 때문에 이렇게 버거워하고 있지만 이루고 싶은 꿈이 있어서, 언젠가는 그 꿈을 이룰 수 있다는 희망이 있어서 또 행복했다는 것을 기억해 낸 거죠. 어쩌면 끝까지 원하는 그 지점에 이르지는 못할지도 몰라도 간절한 그 지점이 있기에 오늘 여기에서도 마치 그곳에 있는 듯한 충만감을 느낄 수 있었다는 걸 떠올렸거든요.

그래. 기왕 이리된 것이니 하는 데까지 해보기라도 하자. 여기서 머물러 있으나 가다가 주저앉으나 좌절스럽기는 마찬가지라면 최소한 나의 '최선'이 어느 지점인지 정도는 확인할 수 있을 테니까. 남들보다 잘하려고 들지 말고 내가 할 수 있는 최선을 다했다면 그걸로 족한 거라고 스스로를 다독이면서 여기까지 왔어요.

그러는 동안 공간도 살림도 어느 정도 안정이 되었네요. 절반으로 준 수입에 대출원리금을 상환하고 나면 먹고살기도 빠듯한 경제 상황. 그런데 그 속에서도 다 방법이 있더라구요. 당연히 사람을 사서 처리하던 일들을 더디더라도 손수 해결해 나가고, 꼭 필요하다 싶은 것도 몇 번을 고쳐 생각한 다음에야 구입하고 버리기 전에 다시 쓸 수 있는 방법이 없나 이리저리 연구하고. 궁상맞게만 느껴지던 새로운 삶의 방식 속에는 전에는 알지 못하던 또 다른 기쁨이 숨어있다는 것도 알게 되었어요.

벌써 날이 밝았네요. 편지를 시작할 때만 해도 욱신거리는 가슴의 통증에 숨을 쉬기 어려울 정도였는데 지금은 신기하게도 마음이 편해졌어요. 당신에게 이야기를 하다 보니 용기가 나요. 꿈으로 한 단계 깊어지는 문턱에서 두려움에 떨고 있는 저를 발견했거든요. 어차피 꿈에 그리던 그 장면을 만들어 내지 못할 바에야 시작도 하지 않는 게 낫지 않냐는 마음과 그래도 꼭 해보고 싶다는 두 마음이 다툼을 시작하려던 참이었나봐요.

다행히 두 마음은 욕심내지 말고 천천히, 그러나 할 수 있는 최선을 다한다는 선에서 기분좋은 합의를 했다고 하네요. 처음에는 정리할 엄두도 안 나던 공간이 조금씩 시간과 정성을 들인 덕에 저마다 색깔을 가진 이쁘고 편안한 장소로 변신해가는 것을 함께 체험한 덕분이겠지요? 어쩌면 조금 더 자주 '잘했다. 잘했다. 이쁘다. 이쁘다.'를 주문할지도 몰라요. 궤도에 오를 때까진 어쩔 수 없이 두 마음 간의 밀당이 계속될 테니까요. 어느 쪽이든 지친 마음엔 당신의 그 주문이 특효약이거든요. 언제부터 그리되었는지 모르겠지만 언제부턴가 그리 되었더라구요.

아. 그러고 보니 우리가 함께 꾸려낸 이 공간이 벌써 꿈을 이뤄가기 시작했네요. 우리 부부야말로 최선을 다해 스스로의 삶을 꾸려가려고 애쓰

는 '좋은' 사람들이고, 그런 우리들을 품기에 충분히 넉넉한 공간을 가진 데다 그 안에서 더욱 아름다운 인연으로 익어가고 있으니까요. 우리 정말 잘하고 있는 거였네요. 이리 든든한 베이스캠프가 있는데 뭘 그리 겁냈던 걸까요? 지친 가슴을 따뜻이 품어주면서 다시 시작할 수 있는 힘을 주는 그런 공간을 만들고 싶었던 소망이 이리 분명히 이루어지기 시작했는데 말이에요.

이번 주말엔 우리 가족 모두 생애 첫 마라톤 대회에 출전하기로 했죠? 신청했던 포부와는 달리 제대로 연습도 못한 채 오늘을 맞았네요. 함께 일을 시작한 친구와 진행하는 첫 프로젝트이기도 해서 기대가 많았는데 이리 되고 나니 속이 너무 상했어요. 그런데 이리 당신께 편지를 쓰다보니 어쩌면 이런 과정마저도 모두 꼭 필요한 배움이었다는 생각이 드네요. 이리 예방접종까지 확실히 챙겨맞고 떠날 수 있게 되었으니 첫 시도부터 착착 모든 일들이 순조롭기를 바라는 마음만 버린다면 더할 나위 없이 좋은 출발이 분명하니까요. 이제라도 준비를 시작해보려고 해요. 도와주실 거죠? ^^

당신 곁에서 늘 힘을 얻는 아내로부터

♥ 나를 키워 준 엄마에게 보내는 편지

엄마, 엄마, 나의 엄마!

어제 아침 아이들과 등교길에 훈이가 문득 "외할머니 목소리 들은 지 오래됐다!" 그러길래 오후에 모두 모여 영상 통화하자고 약속했었어요. 신호가 갔던 걸까요? 제주도의 봄바람이 흠뻑 묻어있는 엄마의 목소리를 들을 수 있어서 참 좋았어요. 조금 더 솔직히 말하자면 그 목소리 끝에 섭섭함도 함께 느껴져 살짝 마음이 무거워지기도 했지만요.

전화 한 통 미리 드리는 것이 뭐 그리 어려운 일이라고. 기다리실 거

뻔히 알면서도 그 작은 챙김을 놓치고 마네요. 이리 열심히 사는 것도 다 사랑하는 사람들과 더 행복하기 위함이라는 거 누구보다 잘 알고 있으면서 지금 여기에서 마음을 나누는데 어찌 이리 서툴기만 한지. 사람이 변하는 것이 이리도 어려운가 봐요. 그래도 아직 포기한 건 아니에요. 자연스럽지는 않더라도 알아차린 순간에는 주저하지 않고 마음을 표현해 보려구요.

알아요. 굳이 그리 애쓰지 않아도 엄마는 이미 이런 제 속을 헤아리고 계신다는 거. 그래서 더 고맙고 미안한 건지도 모르겠어요. 여기까지 쓰고 나니 엄마의 목소리가 들려오는 듯해요. "새끼들 챙기기에도 하루가 모자랄 시기인 거 뻔히 아는데 별걱정을 다 한다. 엄마한테 잘 할라구 힘 빼지 말고 느그 네 식구 재미있게 살아주는 게 진짜 효도랑께." 자꾸만 삶을 무겁게 만드는 '미안함'은 살살 걷어내고 '고마움'만 가득 품고 있으려고요. 그래야 더 많이 사랑할 수 있게 된다는 걸 알았으니까요.

엄마, 아세요? 엄마가 계셔서 제가 얼마나 좋은지. 그건 세상에서 제일 맛있는 김치를 마음 놓고 먹을 수 있기 때문만은 아니에요. 엄마와 아이들이 놀고 있는 걸 보면서 '나 어릴 적에도 이리 흠뻑 사랑해 주셨겠구나' 생각을 해요. 그런데도 유독 아프고 힘들었던 장면만을 끄집어 곱씹으며 이리 아픈 건 다 엄마 탓이라고 생각하던 시절이 있었네요.

배 아파 낳아 정성을 다해 키운 딸에게 그런 오해를 받는 건 어떤 기분일까 생각하면 지금도 가슴이 너무 아파요. 그렇지만 어쩌면 그리 힘든 시간들이 있었기에 우리가 서로에게 더 가까이 다가갈 수 있는 기회를 얻었는지도 모른다는 생각도 들어요.

유난히 통증에 민감한데다 특별히 더 철이 없었기에 이대로는 더 이상 버틸 수가 없는 지점에 도달하게 되었고, 어떻게든 그 고통에서 벗어나려고 안간힘을 쓰는 과정에서 세상을 느끼는 새로운 센서를 갖게 되었으까요.

　모녀가 함께했던 첫 여행이 기억나요. 어떻게든 더 늦기 전에 엄마와의 관계를 회복하고 싶은 욕심에 앞뒤 재지도 않고 덥썩 저질러 버렸던 동유럽 여행. 엄마가 주인공이 되는 여행을 만들어드리자는 마음과는 달리 엄마는 여행지에서도 서툰 딸 대신 두 아이들을 돌보시느라 정신이 없으셨죠. 두 아이와 엄마를 모두 챙겨야 한다는 긴장감에 날카로워진 신경으로 가뜩이나 살가운 거랑 거리가 먼 말투는 점점 더 퉁명스러워졌어요.

　그렇게 사흘째 되는 날이었을 거예요. '이 노무 여행을 어쩌면 좋다냐.' 일과를 마치고 객실 방문을 열고 들어가시던 엄마의 혼잣말을 들어 버렸어요. 얼마나 죄송스럽던지. 아직 집으로 돌아가려면 일주일이나 더 기다려야하는데 정말로 어쩌면 좋을지 막막해졌죠. 이러다 가까스로 조금씩 회복해가고 있는 엄마와의 관계가 더 엉망이 되어 버릴까 봐 두렵기도 했구요.

　하지만 그 걱정을 털어내는 데는 그리 오랜 시간이 걸리지 않았죠. 나흘, 닷새 시간이 흘러갈수록 함께하는 시간을 즐기고 있는 서로를 발견하게 되었으니까요. 그리고 보면 모녀지간이라고 해도 철들고 그리 오랜 시간을 함께할 시간은 없었던 것 같아요. 일곱 살 때 제가 유치원에 들어간 이후 모녀가 24간을 꼬박 같이 보낸 적은 거의 없었으니까요. 설사 같은 공간에 있었다고 해도 각자에겐 따로 해야 할 일이 있었을 테고요.

　엄마랑 여행을 하며 알게 되었어요. 여행이란 '서로에게 집중하는 시간'이라는 것을. 두 돌도 안 된 아이를 한시도 몸에서 떼어놓지 못하는 모녀가 안스러워서였을까요? 어쩌면 집에 두고 온 아이들이 떠올랐기 때문이었을 수도 있구요. 나흘 닷새 여행이 깊어가면서 아이들은 점점 엄마와 할머니에게서 떨어져 있는 시간이 길어졌어요. 나중엔 정말 모두가 함께 아이를 키우는 느낌이 들만큼요. 가족의 울타리를 너머 흠뻑 사랑을 받는 느낌 덕분이었을까요? 아이들도 집에서보다 한결 의젓해져서 오히려 엄마인 제가 깜짝 놀랄 정도였으니까요.

한참 개구진 일곱 살 훈이와 두 돌을 채 넘기지 못한 젖먹이 영이를 데리고 멀리멀리 유럽까지를 욕심내었던, 조금은 '무모했던' 모험 같은 여행. 그렇지만 아마도 그때 떠날 수 없었다면 지금까지도 떠나지 못할 이유를 찾고 있을 가능성이 크겠죠?

첫 여행의 경험 덕분이었을까요? '프랑스 가자'는 갑작스런 전화에 바로 '그러자'고 하셨죠. 4년을 꼬박 채웠던 육아휴직을 마치고 다시 직장생활을 하던 시절이었죠. 세월은 5년이나 흘러 아기 띠에 넣어 다니던 영이도 일곱 살이 되어있었어요. 훈이는 어느새 4학년 형님이 되어 있었고요. 아이들만 보면 5년 전보다는 훨씬 더 좋은 조건이었는지도 몰라요. 하지만 그사이 엄마는 눈에 띄게 쇠약해지셨죠. 복직한 저를 대신해 아이들을 돌보시느라 더 빨리 몸이 상하셨다는 걸 알아요. 그래서 더이상 미룰 수 없다고 생각했고요.

이유는 모르겠지만 엄마는 늘 '프랑스'에 가보고 싶다고 하셨어요. 5년 전에도 그리 말씀하신 걸 들었으면서도 이런저런 기회로 여러 차례 다녀온 프랑스보다는 새로운 곳으로 가고 싶다는 욕심에 동유럽을 택했던 것이 내내 마음에 걸렸어요. 그러다 마침 적당한 여행프로그램을 발견했죠. 이번에도 역시 가지 말아야 할 이유는 차고도 넘쳤어요. 하지만 왠지 떠나야 할 것 같은 느낌이 들었어요.

함께 공부하던 동료들과 떠난 여행이라 한결 안심이 되기도 했어요. 그들과 어울리다 보면 자연스럽게 '퇴직' 이야기를 꺼낼 기회를 만들 수도 있겠다 싶기도 했고요. '자기다운 삶'을 그리워하는 이들의 모임답게 그곳에는 다양한 삶의 방식이 섞여 있었으니까요. 그런데 아비뇽에선가 연구원 동료의 부인과 한 테이블에 앉은 식사 시간. 도대체 책이 뭐길래 그리

주구장창 책만 끼고 사는지 모르겠다는 부인의 한 마디에 엄마도 내내 감추고 계셨던 걱정을 쏟아내셨죠. 우리 애도 살면서 부모 속 한번 썩인 적 없는 착한 애였는데 갑자기 책에 빠지더니 이제는 그 좋은 직장까지 관두겠다고 이 난리라고. 내가 저를 어떻게 키웠는데 어쩌면 이럴 수가 있냐고. 조근 조근 말씀하셨지만 스르륵 눈가에 맺힌 눈물에서 차마 말로 하지 못하는 걱정을 읽는 건 어렵지 않은 일이었죠.

엄마가 어찌 사는지 봤으면서 배울 만큼 배운 네가 뭐 하러 그 아픈 길을 따라 오겠다는거냐. 결국 이리 될 거라면 뭐 하러 그리 애쓰며 살았던 거냐. 그 노력과 시간들이 아깝지도 않으냐.

알아요. 그래서 아닌 줄 알면서도 꾸역꾸역 2년을 버텼던 걸 거예요. 남편 그늘 아래서 사는 삶 역시 만만치 않다는 거 엄마를 통해 너무나 분명히 배웠으니까요. 아빠가 나빠서였다면 오히려 결정이 쉬웠을지도 몰라요. 오랜 세월을 이어 내려온 문화적 관성을 바꾸기엔 제가 가진 힘이 너무나 보잘 것 없다는 걸 잘 알기에 그리 오래 망설였던 거고요. 하지만 백번을 고쳐 생각해도 결론은 같았어요.

엄마도 알고 계셨죠? 제게 그 여행, 새로운 삶을 위한 예행연습의 의미였다는 거. 그 선택이 저뿐만 아니라 엄마와 아이들에게도 즐거운 선물이기를 바랐다면 욕심이었을까요? 그래서 꼭 프랑스여야 했는지도 몰라요. 그곳에서라면 각자의 꿈들이 아름답게 어울릴 수 있을 거라고 믿었거든요. 다행히 저의 전략은 유효했고 우리는 정말로 꿈같은 시간들을 보낼 수 있었죠. 어느 시점쯤에서 엄마의 마음이 달라진 걸까요? 여행도 막바지에 이를 무렵 늦은 저녁 호텔에서 아이들 입을 옷을 정리하고 있는 제게 말씀하셨죠.

"그래, 뭐 큰일이야 나겠냐? 한번 사는 인생인데 살고 싶은 대로 살아봐야제!"

이튿날 니스의 태양은 유난히도 눈부셨어요. 기분 탓이었을까요?

그런데 엄마, 엄마는 늘 '엄마처럼 살지 말라'고 하셨지만 요즘 엄마를 보면 엄마처럼 살아도 참 좋겠다는 마음이 들어요. 아이들이 엄마를 필요로 할 때 아낌없이 흠뻑 내어 주고, 아이들을 키우고 난 다음에는 운동도 하고 여행도 하며 스스로 즐거운 시간을 만들어 갈 수 있는 삶이라면 그걸로 이미 충분할 것 같거든요. 지금 제게 엄마가 존재 그대로 너무나 소중한 것처럼 아이들에게도 그런 존재가 되어주고 싶어요. 어렵게 키워놨더니 꿈이 너무 소박한 거 아니냐고요?

하지만 너무 속상해하진 않으셔도 되요. 대신 엄마 세대가 온몸으로 겪어주신 시행착오 덕에 새로 알게 된 것도 있거든요. 최소한 가족을 위해 끊임없이 헌신하면서도 정작 가족들에게마저 인정받을 수 없었던 어이없는 아이러니를 되풀이하면 안 되겠다는 각성도 그 중에 하나일테고요. 물론 쉽지는 않을 거예요. 하지만 일단 깨달았으니 가능성은 생긴 거 아닐까요?

가끔 생각해요. 그때 우리가 서로를 있는 그대로 받아들일 수 있었더라면 우리의 삶은 얼마나 달라져 있을까? 우리가 '불행'이라 불렀던 그 장면들은 모두 상대에게, 혹은 스스로에게 있지도 않은 허상을 강요했던 순간들이 아니었을까? 그렇게 '현실적'이려고 노력했던 우리들은 어찌 그리도 완강히 너무나 선명한 서로의 '현실'을 거부했던 걸까? 아마도 두려웠던 거겠지요? 너무나 아픈 희망이지만 그마저도 없으면 가까스로 버티고 있는 일상조차 지켜낼 수 없을지도 모른다는 불안 때문이었을 거예요.

엄마, 이제 제 걱정은 안 하셔도 될 것 같아요. 엄마가 믿어주셨던 덕분이겠지요? 용기 내어 허상 밖으로 한 걸음을 옮겨보니 알겠더라고요. 유일한 세상인 줄만 알았던 그곳은 수없이 많은 세상 중의 작은 하나에 불과했다는 것을요. 물론 짐작은 하고 있었지만 직접 체험해보니 상상만

하던 때와는 전혀 다른 느낌이 들어요. 이 느낌만 충분히 전해줄 수 있어도 엄마로서 여한이 없겠다는 생각이 들만큼 정말 멋진 느낌이에요.

제가 해낼 수 있다면 적어도 저와 아이들은 엄마와 저의 아픔을 되풀이하지 않아도 될 거예요. 그리될 수 있다면 비록 경제적으로 풍요롭지 못하다고 해도 훨씬 더 충만한 삶을 일구어낼 수 있지 않을까요? 물론 저는 믿어요. 그리만 될 수 있다면 불편하지 않을 정도의 부는 저절로 따라오게 되어있다는 것을요.

새벽에 시작한 편지가 오후 다섯 시가 다되어가는 지금까지 계속되네요. 그만큼 쌓인 이야기가 많아서겠죠? 그 사이에 엄마에게 전화를 걸었어요. 늘 괜찮다고 하시지만 그래도 좋으신 거죠? 엄마의 반가움이 전해져 뿌듯하고 행복했어요. 이 편지가 엄마에게 언제쯤 전달될지는 모르겠어요. 하지만 역시 쓰기를 잘 한 것 같아요. 편지 덕분에 엄마랑 한 번 더 통화를 했고 또 여기저기 뒹굴던 생각의 조각들이 제자리를 찾게 되었으니 아마 어떤 방식으로든 이 이야기들을 나눌 날이 올테니까요.

마지막으로 엄마, 낳아주셔서 그리고 사랑으로 길러주셔서 정말 감사합니다. 그리고 하늘만큼 우주만큼 사랑합니다.

엄마의 하나뿐인 딸 미옥 올림

♥ 한 때는 절친이었던 S에게 보내는 편지

작년 연말이었던가. 1년에 한 번씩 겨우 얼굴 보는 친구들의 모임이었던 만큼 가볍고 경쾌한 이야기가 오고 가는 만남이었지. 웃고 떠들다 보니 어느새 밤은 깊어 3차. 40대에 접어들면서 눈에 띄게 떨어진 체력도 체력이지만 아직 아이들과의 저녁 시간을 희생하면서까지 군이 고집해야 할 이유가 없다는 생각에 좀처럼 저녁 모임을 만들지 않는 데다 혹 피치 못할 모임이 있다 해도 서둘러 집으로 돌아오곤 하던 나로서는 무지 예외적인 상황이었지. 새로운 세상에 대한 기대로 꽉 차 있던 대학 새내기 시절을 함께 보낼 수 있었기 때문일거야. 25년 전 첫 만남부터 각자 간직하던 기억 속 장면들을 맞춰보는 시간들은 새삼 달콤하기까지 했어. 이래서 오랜 인연이 소중한 거구나 싶었지.

즐겁게 이야기를 나누는 중에도 간간이 네가 신경 쓰였어. 성공한 남편과 함께 두 아이를 키우며 일터에서의 존재감까지 알뜰히 챙기고 있는 듯 보이는 너. 그래. 내가 현재의 너에 대해 알고 있는 것은 그게 전부였어. 25년 전 그리 시시콜콜 서로의 일상을 나누던 우리는 어쩌다 곁눈질을 통해서 서로의 안부를 짐작하는 사이가 되었을까. 그 자리에 있는 내내 이 질문이 의식의 저편에서 떠올랐다 다시 가라앉기를 반복하고 있었던 것 같아. 물론 입 밖에 내진 않았어. 그래서 달라질 것이 하나도 없다고 생각했기 때문이었겠지.

"네가 나를 버리고 떠나버렸잖아"

자리에 앉은 모두가 거나하게 취해 모임도 막바지에 이를 무렵 네가 던진 말. "학교를 떠난 너를 집으로 찾아간 날. 함께 저녁 먹으며 네가 말했어. 이제 우리 얼굴 볼 일 없을 것 같다고. 잘 가라고." 그런 말을 했던가. 내가. 내 문제로 머리가 복잡했던 시기였던 건 알겠지만 그렇다고 시간을 내 집까지 찾아온 친구에게 그런 모진 말을 내뱉을 이유가 뭐람. 곁에 있는 다른 친구가 말했지. "너희 아직도 안 푼 거야?"

이건 또 무슨 얘기지? 그게 풀고 말고 할 일이었던가? 1학년 뜻하지 않게 2지망학과에 합격했던 나는 학교에 잘 적응하지 못했지. 지금 생각해보면 왜 꼭 법대이어야만 했는지 설명할 길이 없지만 그땐 그랬어. 법대생으로서의 미래만을 그리고 또 그리며 살아온 나는 별안간 궤도에서 이탈해버린 기관차가 된 기분으로 대학 생활을 시작했어. 언니같은 네가 곁에 있어 주었던 덕분이었을거야. 방황치고는 참 안정된 방황이었지. 학교에 오면 늘 네가 있었어. '이제는 정말 그만 해야겠다. 더 이상 망설이지 말고 이제라도 내 자리로 돌아가야겠다.' 굳게 다짐하고 학교에 들어오면 알뜰살뜰 다정한 네가 나를 맞아주었지. 너를 만나면 이상하게 편안해지곤 했어. 그러면 '이리 좋은 친구가 여기 있는데 대체 어딜 가겠다는 거야?' 하는 또 다른 목소리가 힘을 얻었지. 등록도 안 하겠다고 버티던 내가 1년이나 꼬박 학교에 다닐 수 있었던 데는 친구인 네 역할이 컸던 셈이지.

그 때 내가 그런 말을 했다면 아마도 나도 알아차리고 있었을지도 몰라. 그래서 정말로 너에게서 벗어나야 진짜 원하는 삶으로 진입할 수 있을거라 생각했을지도 모르고. 돌이켜보니 네 입장에선 얼마나 당황스런 반응이었을까. 어쩌면 그리 내 생각만 할 수 있었는지. 단짝 친구가 갑자기 떠나버린 학교를 지켜야 하는 네 입장을 헤아리지 못했던 건 단지 너무 어리기 때문이었을까?

그리 단호한 의기에도 불구하고 나는 1년 후 다시 학교로 돌아갈 수밖에 없었어. 내 방황의 이유가 '법대'에 가지 못해서라고 판단해 내린 처방이었던 재수였지만 막상 대입종합반에 들어와 보니 기대했던 것만큼 신나게 공부에 몰입할 수가 없었어. 학력고사에서 수능으로 갑자기 달라진 제도도 문제였지만 진짜 문제는 정말 '법대만이 답일까?' 하는 의문이 들기 시작했거든. 아빠의 병중에 우겨서 시작한 공부였기에 차마 중간에 그만두겠다는 말을 꺼낼 수 없어서 1년을 꽉 채워 결국 시험까지 다시 보게 되었지만 실패는 오히려 당연한 결과였어.

그렇게 우리는 다시 만났지. 넌 여전히 따뜻하게 나를 반겨주었고. 더 이상 갈 곳이 없다는 걸 알아차린 나는 전보다는 훨씬 열심히 학교생활에 임했지. 하고 싶은 공부를 발견하게 되고 또 서로에게 남자친구가 생기면서 점점 더 너와 마주칠 기회는 줄어들었어. 그래도 너는 내게 가장 친한 친구였어. 너와 나의 사이에 풀어야 할 응어리가 있다고는 꿈에도 생각지 않았으니까.

그렇게 시간이 흘러 우리는 졸업반이 되었지. 과 선후배들과 어울려 취업을 준비하던 너와는 달리 나는 늘 나만의 프로젝트에 바빴어. 그날도 우리는 서로 전화로 학교에 와있다는 것 정도를 확인하고 각자 시간을 보낼 예정이었을 거야. 너와 일상적인 통화를 마치고 내 공부를 시작하려는데 수화기 저편에서 네 목소리가 들려왔어. 휴대폰의 종료 버튼 누르는 걸 까먹었던 걸까? 네가 함께 있던 사람들과 하는 이야기를 들었지. 아마 나와 통화를 끝낸 직후여서였겠지? 화제는 다름 아닌 나였어.

"미옥이 지금 어디 있대? 걔 되게 신기하더라. 못하는 게 없더라구." 라는 남자 선배의 목소리에 이어진 너의 이야기. "걔 할 줄 아는 거 별로 없어요. 제대로 하는 건 아마 하나도 없을걸요. 괜히 겉멋만 들어 가지고." 더 이상 듣고 있을 용기가 나지 않아 휴대폰 종료 버튼을 미친 듯이 눌러댔지. 아닐 거야. 다 이유가 있었겠지. 맥락도 모르고 들은 한 마디 가지고 무슨 상상을 하는 거니. 너 S가 어떤 앤지 알잖아. 그럴 리가 없다는 것 누구보다 네가 잘 알잖아. 있는 힘을 다해 너를 이해해 보려고 애를 썼어.

하지만 아무것도 모르는 채 친절하게 나를 대하는 너를 마주하기가 점점 어려워졌어. '아직도 내게는 이리 다정하면서, 어떻게 그런 말을 할 수 있는 거지?' 이후 너를 대하는 나의 태도를 한 마디로 표현하자면 '있는 힘껏 친한 친구 코스프레' 아무 일도 없었던 것처럼 너를 대했지만 마음에 난 상처는 좀처럼 아물 줄을 몰랐지. 그리고 세월이 이렇게나 흘러버렸네.

그날 밤 너의 말을 듣지 못했다면 난 끝까지 우리의 우정을 먼저 깨트린 건 너라고 믿고 있었을지도 몰라. 둘 다 각자의 영역에서 나름대로 잘

26

살고 있는데 이제 와서 그런 이야기들을 캐낼 이유가 없다고 생각했기에 결코 입 밖에 내지는 않겠지만 그래서 20여 년 전 한없이 미숙했던 그 시절 서툴게 처방한 채 방치해 두었던 그 상처를 다시 돌아볼 일도 없겠지.

S야. 솔직히 아직도 이 편지를 네게 전할 수 있을지는 잘 모르겠다. 도대체 어디서부터 어찌 시작해야 하는지 엄두가 나지 않기 때문이지. 그런데 너 아니? 넌 말야. 내게 아이에서 어른이 되어가던 과정 그 자체였다는 거. 동생 같은 나를 살갑게 챙겨주는 언니 같은 친구. 늘 너무나 의젓한 너였기에 너 역시 의지할 친구가 필요할 거라는 생각은 하지 못했어. 사람들에게 정성을 다할 줄 아는 네 곁엔 늘 사람들로 북적였으니 나 하나쯤은 없어져도 그만인 줄만 알았어. 자기 안에서 허우적대느라 곁에 있는 친구의 마음 하나 헤아릴 여유가 없었던 나와는 달리 너는 이미 세상에서 네 자리를 찾아낸 어른이라고만 믿었어. 어서 빨리 자라나 나도 너 같은 어른이 되는 게 내가 할 수 있는 최선이라고 여겼어.

너와 그리되어 버렸기 때문일까? 난 여전히 '우정'이 뭔지 잘 이해하지 못한 채 마흔셋을 맞고 있는 것 같아. 그동안 나를 스쳐 갔던 수많은 인연들. 어쩌면 그들은 모두 너의 다른 이름들이었는지도 모르겠다.

말은 하지 않았지만, 어쩌면 나조차도 알아차리지 못했는지도 모르지만 의식의 저편에선 늘 그들이 나를 떠나갈 언젠가를 대비하고 있었던 같아. 마음이 가는 만큼 불안도 함께 커져 간 건 더 말할 필요도 없는 수순이었겠지. 사람들에게 무관심한 듯 보이는 나의 모습은 아마도 스스로를 지키기 위한 어쩔 수 없는 방어책이었는지도 몰라. 내 마음을 다 내줬는데도, 나를 다 열어 보였는데도 그들이 떠나버린다면 난 정말 견딜 수가 없을 것 같았으니까. 그렇지만 그리 몸과 마음을 사린 결과 나는 얼마나 더 안전해졌을까? 얼마나 더 행복해졌을까?

너무 늦었는지도 몰라. 혹 우리가 묵은 오해를 풀어 낼 수 있는 기회를 얻을 수 있다고 해도 내심 기대하는 '절대우정'으로 익어가지 못할 수도 있을 거야. 결과가 좋다는 확신도 없는 상황에서 굳이 무리를 할 이유가 뭐가 있냐고? 이제 와 20년 전의 앙금을 씻어내는 게 도대체 무슨 의미가 있는지도 잘 모르겠다고?

맞아. 그럴지도 몰라. 그런데 말야. 이번엔 도망쳐선 안 될 것 같아. 적어도 지금의 이런 마음을 네게 전하는 것 정도는 더 이상 미뤄선 안 될 것 같아. 그래. 어쩌면 괜한 짓을 했다고 후회할 수도 있겠지. 하지만 어쩌면 너는 나보다 먼저 같은 결론에 도달해 있었는지도 모른다는 생각도 들어. 그래서 그날 밤 그 이야기를 꺼내주었던 것은 너의 용기였을지도 모른다는...

어찌하면 가장 부드러운 방법이 될지는 좀 더 연구를 해 봐야 할 것 같아. 생각보다 시간이 좀 걸릴지도 몰라. 하지만 절대로 올해는 넘기지 않는다고 약속할게.

누구를 만나도 너의 안부를 대신 전해줄 수 있던 그 시절로 다시 돌아갈 수는 없을지도 모르지만 전해 듣는 이야기로 근황을 미루어 짐작하는 관계로 남고 싶지는 않으니까. 그건 우리가 함께했던 싱그러웠던 시간에 대한 무례임이 분명하니까.

늘 너보다 한 발 늦게 철이 들고 마는 친구, 미옥이가 사랑하는 그들에게 쓰는 편지로 여는 새벽은 달콤했습니다. 그들을 향한 내 마음의 현주소를 확인하고 싶은 마음에 눈뜨자마자 노트북으로 달려가 앉았습니다. 내심 자신이 있었거든요. 그렇다고 앉자마자 이야기가 줄줄줄 흘러나왔던 것은 아니었습니다. 어디서부터 어찌 시작해야 할지 막막해 한참을 썼다 지웠다를 반복하다 정해놓은 2시간이 끝날 무렵에야 하고 싶은 이야기를 찾아내기도 했습니다. 그런 날은 편지 위에서 하루가 진행되었습니다.

그들과 함께한 오랜 시간들을 단 두 시간에 정리한다는 것은 처음부터 불가능한 미션이었는지도 모릅니다. 이리될 것을 어느 정도 예상하고 있기도 했습니다. 그래서 충분히 시간을 쓸 수 있도록 일정을 미리 조정해두기도 했고요. 이번을 놓치고 나면 언제 또 이런 기회를 얻을 수 있을지 장담하기 어렵다는 것을 알기에 더 정성을 들였습니다. 하지만 그렇다고 무작정 시간을 쓸 수도 없었습니다. 한 사람에게 쓸 수 있는 시간은 딱 하루. 그래서 결국은 마무리하지 못한 편지도 있습니다. '나를 엄마로 만들어 준 아이에게 보내는 편지'가 그렇습니다.

큰아이를 떠올리면 늘 미안합니다. 엄마가 되어가는 시행착오를 고스란히 함께 한 아이. 아이에게 쓰는 편지가 유난히 어려웠던 건 그 시행착오가 여전히 현재진행형이라는 것을 너무나 잘 알기 때문이겠지요? 어떤 말을 해야 서툰 엄마 곁에서 아이가 느낄 불안과 피로를 덜어줄 수 있을지 아무리 생각해봐도 잘 모르겠습니다. 그게 언어로 표현할 수 있는 건지도 솔직히 잘 모르겠습니다.

막막해진 저는 다시 한번 네 통의 편지를 읽어봤습니다. 그 안에는 나 자신으로, 아내로, 딸로, 그리고 친구로 살아왔던 43년의 세월이 고스란히 녹아있었습니다. 아쉬움이 전혀 없을 수는 없지만 참 열심히도 살았다는 것만은 인정해주고 싶습니다. 특히 가슴 속 깊은 상처로 남아있었던 엄마와의 관계를 회복한 것은 정말로 자랑스럽습니다. 남편과도 점점 더 편안해져 갑니다. 그 과정에서 스스로와의 깊은 불화도 어느 정도 정리가 된 듯 보이고요. 모두 엄마가 되고야 이루어낸 일들이었습니다. 나의 상처로 아이마저 아프게 할 수는 없다는 간절함으로 이루어낸 일들이었습니다.

그렇게 키운 아이가 벌써 열 세 살이 되었습니다. 아직 못 다 준 것이 너무나 많지만 아이는 벌써 부모와의 사이에 놓인 길들을 하나 둘씩 끊고 자기만의 세계를 만들어가기 시작한 것 같습니다. 아이가 겪어야 할 수많은 고민과 혼란을 짐작하기에 더 안타까운지도 모릅니다. 하지만 안타깝다고 대신 치러줄 수 없는 일이라는 것 역시 너무나 잘 알고 있습니다. 그러니 인정해야겠지요? 지금 엄마가 할 수 있는 일은 믿고 기다려주는 것뿐이라는 걸요. 어떻게 그럴 수 있냐고요?

글쎄요. 아직은 잘 모르겠습니다. 하지만 한 가지만은 분명하게 말할 수 있습니다. 제가 아이의 고민을 대신 해줄 수 없는 것처럼 그 어느 누구도 저의 답을 대신해 찾아 줄 수 없다는 것 말입니다. 그러니 어쩌겠습니까? 정성을 다해 제 안의 목소리에 귀를 기울여보는 수 밖에요.

"결국 자신과 아이에 대해 가장 잘 아는 사람은 자기 자신뿐이에요.
자신이 편안한 상태가 되어서 상황을 제대로 볼 수 있다면
대부분 답은 명료해져요.
자신에게 가장 맞는 답은 자신이 잘 알고 있거든요.
전문가에게 몇 가지 사실만 알려주고 상담을 요청하면
좋은 답을 얻기가 어려워요.
전문가도 개인의 관점이나 경험으로
'이렇게 하세요. 저렇게 하세요'라고 말하게 되고,
그 답은 잘못된 경우도 많아요.
갈등의 원인을 알고 마음이 편해졌다면 답은 거의 찾으신 셈입니다."

최성애 부모 자녀 관계 전문가
「EBS 다큐프라임 마더쇼크」 중에서

4년 전의 나를 다시 만나며

가슴이 아팠다. 아무도 보지 않을 편지에서조차 애써 괜찮은 척, 아무렇지 않은 척하는 그 모습이 너무나 안스러웠다. 타인을 돌볼 기력이 없을 만큼 소진되어있는 상태에서도 자신을 돌보기 위해 시간과 에너지와 돈을 쓰는 것을 미안해하고 불편해하고 있었다. 마치 그들의 것을 빼앗아 쓰고 있기라도 한 냥. 편지 속의 나는 끊임없이 타인을 위해 무언가를 더 해주지 못함을 미안해하고 속상해하고 있었다.

나 자신, 나를 키워준 엄마, 남편, 오해로 우정이 깨져버린 친구. 편지의 수신자들이 모두 특별히 '사랑하고 싶은' 존재들이었기에 더 그랬다는 것을 모르지 않는다. 처음 이 여정을 시작했을 때, 모든 사람들의 귀염둥이가 되려고 안간힘을 쓰고 있는 내 모습이 너무나 안타까워 스스로 내린 처방은 선택과 집중이었다. '내게 의미있는 사람들만이라도 제대로 사랑해보기로 하자.' 그 이후 그들을 더 깊이 사랑하는 것을 삶의 소명으로 여기고 살아오고 있었기 때문이었을 것이다. 다시 말해 나는 내 자신에게 받은 미션을 충실히 수행하고 있었던 거다.

하지만 그로부터 4년을 더 살고 돌아와 다시 보니 그마저도 훨씬 편안해져도 좋았을 텐데 하는 아쉬움이 드는 것은 또 어쩔 수가 없다. 물론 이리 자신 있게 '더 편하게 살아도 괜찮아. 할 수 있는 만큼만 해도 충분해!'라고 말할 수 있는 것은 스스로 정한 방식으로 최선을 다해 본 경험 덕분이라는 것도 안다. 그래서 그저 고맙고 또 고마울 뿐이다. 아팠을 텐데, 힘들었을 텐데 씩씩하게 살아내 오늘을 맞이하게 해준 4년 전의 나를 뜨겁게 안아주고 싶다. 스스로에게조차 감추고 싶었던 마음의 통증이 조금이라도 가실 수 있도록, 어떻게든 돕고 싶다. 그녀에게 가장 친절하고 편안한 방식으로.

또 다른 나, 파랑의 <아이를 기다리는 시간>

1주차 과제는 나와 깊은 관계를 맺었던 이들에게 보내지 않을 편지를 써보는 활동이었다. 내가 선택한 대상은 나 자신, 엄마, 아이들, 남편이었다. 그들에게 편지를 쓰면서 새롭게 알게 된 사실은 다음과 같다.

① 심리적 변비 상태→ 배설의 기쁨

선생님 말씀대로 우리는 심리적 변비 상태였다. 오랫동안 가슴속에 품어왔던 아니 억눌러왔던 이야기들을 토해내는 시간, 시원하게 내지르는 시간, 그야말로 배설의 기쁨을 누린 것이다. 보내지 않을 수 있기에, 원없이 터뜨릴 수 있었던 말들. 오랜 변비에서 해방된 기쁨이었다.

② 여성(딸)에 대한 편견, 고정관념, 수치심, 두려움 자각

여자니까, 딸이니까, 딸 가진 엄마니까 참아야 한다는 케케묵은 고정관념이 나에게도 뿌리 깊게 박혀 있었다. 여성이란 자긍심보다는 수치심에 얽매여 있었던 나. 내 딸들이 또 그런 수치심에 갇혀 버릴까 불안했던 나. 그랬던 나를 알아차릴 수 있었다.

③ 엄마의 진심 이해

당연히 엄마가 참았어야 했다고, 참지 않았던 엄마에 대한 원망감도 있었지만, 나를 사랑했기에, 딸을 지키고자 하는 마음에서 비롯된 행동임을 깨닫게 되니 오히려 감사했다. 참지 않은 것에 대해서.

④ 남편의 외로움 인식

늘 바쁜 남편이기에 우리는 대화할 시간이 없는 게 당연하다는 논리만 펴고 있었던 상황. 짧은 시간에 속 깊은 이야기를 꺼내기에는 무리라고, 오히려 갈등만 빚게 될 거라고, 그렇게 미루고 미루며 눌러놓았던 진심들을 쑥-꺼내 봤던 시간. 원망에서 시작했지만, 어느새 그 사람의 외로움에까지 가닿게 된 시간이었다.

⑤ 날 위한 음식

선생님은 3개월간의 이 여정이 참 힘들 수 있다고, 맛있는 거 많이 챙겨 먹으라고, 사랑받는다고 느낄만한, 위로가 될 만한 음식들 기꺼이 챙겨 먹으라고 하셨다. 그런 음식이 뭐냐고 물으셨는데 선뜻 떠오르는 음식이 없어 울컥했다. 식탐 많은 나는 늘 비난의 대상이었지, 음식으로 위로받고 사랑받았던 기억을 선뜻 떠올릴 수는 없었다. 나에게 그런 음식을 선물하고 싶다는 생각을 하며 마무리 지었던 기억이 난다.

또 다른 나, 소나의 <아이를 기다리는 시간>

조금은 긴장되고, 떨리는 마음으로 〈아이를 기다리는 시간〉 1주가 지나갔다. 1주일 동안 나는 4편의 편지를 썼고, 편지를 쓰는 게 많이 힘들기도, 또 편지를 쓰며 편안해지기도, 여전히 풀리지 않는 답답한 마음이 들기도 했다.

나는 과제에 집중하기 위해 내 일상을 단순화시키고 특별한 약속을 만들지 않았다. 아이들이 없는 시간(아이들을 기다리는 시간)에 틈틈이 과제를 하며 일주일을 보냈다. 1주차 과제를 모두 마치고 나니 온몸에 기운이 빠진 것처럼 힘이 없었다. 에너지가 많이 소진된 것처럼 기운이 없었고 피곤함이 자주 몰려왔다.

월요일에는 〈아기시〉 1주차 미팅이 있었다. 아난다 선생님은 〈아기시〉를 하는 12주 동안은 나한테 오로지 집중하는 시간이라고 말씀하셨다. 그래야 본질에 접촉하는 힘이 생긴다고 말이다. 그리고 이러한 과정을 통해 내가 통제할 수 있는 것과 내가 통제할 수 없는 것을 구분할 수 있다고 하셨다. 이 시간은 나를 집중 관찰하는 시간이다. 나는 이 시간을 통해 직면하지만 매몰되지 않는 힘을 기른다.

1주차를 보내며 나에 대한 알아차림은 내가 나를(타인을, 가족을) 인정하는 것(칭찬하는 것)을 힘들어(어려워)한다는 것이다. 나는 이것을 신랑에게 편지를 쓰며 알게 되었는데, 신랑이나 아이에게 진심으로 지지/인정하고 칭찬해주는 것에 엄청 인색했다는 것을 깨달았다.

나는 항상 인정과 지지에 목말라하고 인정과 지지를 원하면서 나는 누군가를 인정과 지지해준 경험이 거의 없었다. 특히 가까운 가족에게 말이다. 가까운 가족일수록 더 엄격한 기준과 잣대를 들이밀며 인정하지 않았다. 나는 나를 인정하는 것이 어려워 타인을 인정하는 것이 어려웠던 걸까? 나는 나와 가족에게 엄격한 기준과 잣대를 자주 들이밀면서 나와 가족을 압박한 것은 아닐까? 그럼 내가 해야 할 일은 무엇인가?

나와 가족에게 엄격한 기준과 잣대는 때려치우고 나 자신에게는 물론 아이들을 그저 존재 자체만으로 인정하고 긍정해 주는 것이다. 아주 작고 사소한 좋은 행동에도, 아니 굳이 좋은 행동이 아닐지라도 어떤 행동에 대해서 긍정적인 시선으로 바라보고 너그러운 마음으로 바라본다면 아이가 혼자 양치를 하는 것, 손을 씻고 간식을 먹는 것, 하원 할 때 크게 인사를 해주는 것과 같은 것에도 인정과 칭찬, 지지를 해줄 수 있을 것이다.

신랑에게도 마찬가지이다. 매일 하는 일상적인 행동이지만, 화장실을 깨끗이 쓰고 나오는 것, 바쁜 아침에 아이 세수를 도와주는 것, 내가 자주 깜빡하는 아이 물통을 씻어놓는 것과 같은 행동을 할 때 충분한 인정, 진심을 다한 칭찬과 감사를 표현하는 것이다.

사실 40년 가까이 이렇게 살아온 나인지라 별 것 아닌 것 같이 보이는 이런 것들이 쉽게 되지는 않는다. 매일 의식하고, 알아차리고, 노력해야 한다. 그렇게 우리는 자주 잊어버릴지라도 매 순간 다시 알아차리고, 노력하고, 변하고, 성장한다.

아난다 선생님은 또 중요한 이야기를 해 주셨는데 〈아기시〉를 하는 동안 내 삶 속에 나의 기쁨을 자주 배치하라는 제안이었다. 내가 좋아하는 음식, 내가 좋아하는 것, 내가 좋아하는 활동, 내가 좋아하는 장소 그 무엇이든 나를 위해 마음껏 충분히 나를 위한 시간과 돈을 쓰라는 것이었다.

지금 당장은 나의 욕구와 욕망이 사치스러워 보이고, 욕심처럼 느껴질지 모르지만, 그것이 나의 정신적 자산이 되어 우리 가족의 삶을 더 풍요롭게 할 것이라고 말씀하셨다. 모두 부정할 수 없는 이야기였다.

1주차 편지 쓰기 과제를 통해 내가 가장 힘들어하는 관계를 객관적으로 바라볼 수 있었다. 선생님은 내가 가장 힘들어하는 관계에 엄청난 선물이 있다고 의미심장한 말씀을 하셨다. 1주차를 막 마친 지금 나는 그 말의 의미를 이해하지는 못했지만, 12주가 지나고 나면 내가 그 말의 의미를 이해하고 그 선물을 기쁘게 받을 수 있을 것 같아 여전히 두렵지만, 또 그보다 더 기대된다. 나는 오늘도 아이를 기다리며 내 안의 아이를 만난다.

제 2 주 '내' 마음과 눈맞추기

♥ 무엇이 나를 언짢게 하는가

월

1. 새벽부터 시작한 글을 붙들고 있느라 집안일을 하나도 하지 못해 기분이 나빴다. (개인적인 욕심 때문에 가족들에게 피해를 준다는 마음이 들어서이다.)

2. 거울 속에 비친 내 모습이 너무 초라해 기분이 나빴다. (스스로를 꾸미는데 인색한 스스로가 답답하게 느껴졌다.)

3. 내일 학부모 상담일에 입고갈 옷과 신발이 마땅치 않아 신경쓰였다. (많은 옷이 필요하다고 생각하지 않지만 꼭 필요한 옷도 갖추고 있지 못 하고 있는 자신이 한심했다. 매 학기 같은 스트레스를 받고 있다고 생각하니 더 한심해졌다.)

4. 며칠째 개지 않은 상태로 굴러다니는 빨래를 보니 짜증이 났다. (아이들이 자신의 할 일을 하지 않는 것이 화가 났다.)

5. 사전 공지도 없이 회식을 잡은 남편의 무신경이 기분 나빴다. (아이들과 함께 밥을 먹고도 그를 위해 따로 저녁준비를 한 시간과 노력이 아깝게 느껴졌다. 시간에 쫓기는 것 뻔히 알면서 그 정도 배려는 기본 아닌가?)

6. 훈이가 할 일은 하지 않고 틈만 나면 휴대폰만 붙들고 있는 걸 보니 나도 모르게 잔소리가 튀어 나왔다. 그러나 아이의 반응은 무성의한 '어'. (잔소리로 변화시킬 수 있는 것이 많지 않다는 걸 알면서도 그마저도 안 하는 건 엄마로서 직무유기라는 생각이 들어 일관성 없는 태도를 보이는 자신에게 화가 났다.)

7. 유난히 많은 4월의 주말 일정. 주말 외출을 싫어하는 남편을 떠올리니 머리가 지끈거렸다. (남편의 편의를 위해, 그리고 아이들의 안정감을 위해 평일 저녁 일정을 잡지 않는 내 마음은 알아주지도 않고, 어쩌다 피할 수 없는 주말 일정이 생기면 가족에 소홀한 사람 취급을 하는 것이 억울하고 섭섭하다.)

8. 4월 주말 일정을 확정하기 위한 카톡 메시지에 바로 응신할 수 없는 입장이라 가슴이 답답했다. (엄선하고 엄선해 잡은 일정이었는데, 이 사람들에게만은 최선을 다하고 싶었는데 그 약속을 지키기 위해 집안에서 치러야 할 전쟁을 생각하니 남편이 너무나 야속하게 느껴졌다.)

9. 영이 수영장 대기실에서 엄마들이 삼삼오오 모여 이야기를 나누고 있는데 혼자 책을 펴들고 있는 기분이 좋지 않았다. (읽어야 할 책도 많고 딱히 섞이고 싶은 그룹도 없어 그 시간엔 당연히 혼자 앉아 있는데 언젠가부터 뭔가 이래선 안 될 것 같은 느낌이 들었다. 하나

마나 한 이야기를 하느라 소중한 시간을 낭비하고 싶지 않은데 그렇다고 늘 혼자서 책만 붙들고 앉아있는 것도 편치가 않다. 그렇다고 사람들이 없는 공간을 찾아가자니 뭔가 자존심이 상했다. 아닌 척하면서도 여전히 사람들의 시선이 신경 쓰이는 스스로가 한심하게 느껴졌다.)

10. 이 모든 것들이 '책을 쓰고 싶다'는 욕심에서 비롯되었다고 생각하니 기분이 나빴다. (책으로 '인생역전' 따위는 일어나지 않는다는 걸 너무나 잘 알면서 나는 왜 일상의 평온을 희생해 가면서까지 이렇게 책에 집착하는지 잘 모르겠다. 게다가 그리 잘 하는 것 같지도 않다. 쓸 수 있는 모든 시간을 다 쏟아 부었지만 막상 써놓은 글을 읽어보면 '과연 이게 책이 될까? 된다고 해도 나 이렇게 지질하고 한심해요!! 하는 광고를 굳이 책까지 써서 할 필요가 있을까?' 하는 질문이 밀려온다. 어느 질문 하나 시원히 대답하지 못하면서 그저 '그래도 하고 싶다'는 땡깡에 가까운 욕심 하나를 어쩌지 못해 이러고 있는 나에게 화가 난다.)

월. 화. 수. 목. 4일간의 분노 관찰 일지를 출력해 불만의 대상별로 분류해 보았습니다. 사진에서 볼 수 있는 것처럼 제 분노의 주된 대상은 크게 세 사람. 남편과 아들, 그리고 나 자신이었습니다. 그러나 대상별로 불만의 양상은 조금씩 다르게 나타나고 있었습니다.

우선 남편에 대한 분노의 주요 원인은 '인정과 존중의 부족'이었습니다. 15년을 다니던 직장을 나와 전업주부의 삶을 선택한 것은 지금 나와 가족을 위해서는 직장인으로서의 역할보다 엄마와 주부로서의 역할이 더 필요하다고 판단했기 때문이었습니다. 스스로 선택한 길이었기에 후회 없을 만큼 최선을 다하고 싶었습니다. 누가 뭐래서가 아니었습니다. 그리하는 것이 제게 기쁨이었기 때문이었습니다. 진심으로 행복했습니다. 그런데 자꾸만 남편이 미워졌습니다. 이 모든 것을 당연하게 생각하는 남편이 야속하게 느껴졌습니다. 이러다 부모님 세대의 불행을 되풀이하게 될까 봐 두려워지기도 했습니다. 별안간 경제력을 잃어버린 것도 은근 스트레스가 되었습니다. 남편이 무슨 말만 하면 이제 내가 집에만 있다고 날 무시하는 건가? 하는 의심이 들었습니다.

'지금은 엄마와 주부 역할에 충실하고 있지만 나에겐 아직 펼쳐보지도 못한 꿈이 많은데...아이들에게 집중할 수 있는 것도 바로 그 꿈을 이룰 수 있다는 희망 덕분인데...게다가 그 꿈의 수혜자는 다름 아닌 우리 가족 모두가 될 텐데...' 이런 제 마음을 몰라주고 저를 본인이 무의식적으로 답습하고 있는 부모세대의 부부 역할의 틀에 가두려고 하는 남편이 답답하게만 느껴졌습니다. 조금만 더 존중하고 인정해주면 훨씬 더 신나게 현재의 역할을 즐길 수 있을 거라 생각하니 더 속이 상했습니다.

다음으로 저를 많이 자극한 사람은 열세 살 본격적인 사춘기를 맞은 아들이었습니다. 하지만 아들에 대한 화는 남편에 대한 그것과 성격이 달랐습니다. 그것은 화라기보다는 당황에 가까운 감정이었으니까요. 그동안 별문제 없이 지내던 아들이 별안간 다른 태도를 보이자 머리는 금새 '이제 올 것이 왔다'는 것을 알아차렸습니다. 이 순간을 대비해 넘칠 정도로 많은 공부를 해 두었으니까요. 하지만 막상 상황이 닥치니 머리로 알고 있는 것은 무력하기 짝이 없습니다. 전문가들은 하나같이 조언합니다. 자기 세계를 만들어가는 아이를 믿고 지지하는 것이 이 시기 부모의 역할이라고. 저라면 잘할 수 있을 줄 알았습니다. 그런데 아닙니다. 아직도 충분히 사랑해 주지 못했는데, 아직도 가르쳐주고 싶은 것이 너무 많은데 벌써 부모로부터 난 길을 거둬들이는 아이가 걱정돼서 미칠 것 같습니다.

마지막으로 나 자신. 나 자신에 대한 분노 리스트를 살펴보면서 살짝 웃었습니다. 되고 싶은 나와 현실의 내가 벌이는 치열한 접전이 감지되었기 때문입니다. 더 멋지고 더 예쁘고 더 따뜻하고 더 현명한 나이고 싶은 마음이 아직은 거기에 이르지 못한 현실의 나를 자꾸만 구박합니다. 기왕 선택한 일이니 엄마와 주부의 역할도 완벽히 해내면서 '작가'로서의 꿈을 이뤄가는 노력도 소홀히 하고 싶지 않습니다. 그런데 현실 속의 나는 여전히 지질댑니다. 가다듬고 가다듬어 간소히 정비해놓은 일상인데도 이조차 제대로 꾸려가지 못한다는 생각이 들면 한없이 우울해집니다. 할 수 있는 만큼만 하면 그걸로 충분하다고 아무리 달래봐도 속상한 마음은 좀처럼 다스려 지지가 않습니다.

아이에게 '스스로의 기쁨으로 세상을 기쁘게 하는 사람'이 되라고 늘 이야기하면서도 정작 엄마인 저 자신은 그게 정확히 어떤 느낌인지 알지 못합니다. 물론 머리로는 얼마든지 이해하고 있습니다. 하지만 직접 체험하지 못한 이야기가 힘을 가질 리 없습니다. 그래서 더 간절히 책을 쓰고 싶은지도 모르겠습니다. 읽고 쓰기를 유난히 즐기는 제 자신의 기쁨으로 세상을 기쁘게 할 수 있다는 것을 검증해보고 싶습니다. 그리 간절하다면서 하면 되지 뭐가 문제냐고요? 그러게요. 그런데 현실은 그리 간단하지가 않네요. 재능이 없어선지 아직 준비가 덜 되어선지 혹은 원래 책은 그리 쓰여지는 것인지 생각보다 너무 많은 시간과 노력이 필요합니다. 이젠 슬슬 써봐야지 마음먹으면 애써 틀을 잡아놓은 일상의 리듬이 자꾸만 흐트러집니다. 아무리 생각해봐도 어찌하면 좋을지 모르겠습니다.

그나마 다행은 이런 당혹이 처음이 아니라는 것입니다. 셀 수 없이 많은 당혹을 거쳐 지금에 이르렀다는 것을 기억합니다. 다시 말해 우리에겐 아직 희망이 있습니다. 조급함을 내려놓고 더 깊이 들을 준비가 되어있다면요.

자기 자신에 관한 책을 쓰는 것은 고통의 뿌리를 깊이 들여다보고 그것을
변화시키기 위한 길이 된다.
그 책은 우리를 자유롭고 행복한 사람이 되게 해줄 것이고,
우리 주위에 있는 사람들에게도 행복을 줄 것이다

틱낫한의 『화』 중에서

그냥 가서 꼬~~옥 안아주고 싶은 마음뿐이다. 아니라고 아니라고, 아니 아니어야 한다고 했지만 '경제력'이 곧 나의 가치라고 믿고 있던 내게 '경제력'의 상실은 그야말로 존재가 무너지는 좌절감을 안겨주었다. '돈'이 다가 아님을 뼈저리게 절감했으니 이제 돈보다 중요한 가치를 챙기며 살겠다고 했지만, 막상 일터를 떠나 경제력을 잃고 나니 팔다리가 다 잘린 채로 거리에 내던져진 듯한 낭패감을 떨쳐낼 수가 없었던 거다. 지나가는 개조차 나를 만만히 보고 유난히 세게 짖어대는 것같은 느낌이 들 정도였으니 더 말해 무엇할까.

4년이 흐른 지금 그 시절의 분노 관찰 일지를 살펴보니 그것은 분노라기보다는 오히려 '절규'에 가깝게 느껴진다. 분노의 주요 대상은 남편, 사춘기에 접어드는 아들, 그리고 나 자신이었다. 당시에는 대상에 따라 분노의 원인이 조금씩 다르다고 해석하고 있었는데 지금 보니 내 분노의 메시지는 한결같다.

제발 나를 좀 인정하고 존중해 달라고!!

내가 인정받고 존중받을 가치가 없는 존재일 까봐 너무나 불안해서 견딜 수가 없었던 나는 스스로에 대한 '인정과 존중'의 결핍을 타인의 그것으로 채워보고 싶은 갈망이 좌절되는 매 순간 그 원망을 '분노'의 형태로 상대를 향해 쏟아내곤 했던 것 같다. 그렇다고 '지금 내가 이렇게 느낀다'고 속 시원하게 이야기를 했던 것도 아니다. 마치 억지로 구토를 참고 있는 사람처럼 나와 상대를 아슬아슬 조마조마하게 했던 것 같다.

그런데 아무리 다시 읽어봐도 그녀보다 더 그 상황을 더 현명하게 대처해 낼 방법이 떠오르지 않는다. 익숙한 세계를 떠나 새로운 세계를 열어

내기까지 피할 수 없는 '금단禁斷의 통증'을 어떻게든 버텨내 준 그녀가 고맙고 또 고마울 뿐이다.

그녀가 자기 스스로를 다시 살려내기 위해 해 왔던 필사적인 모색과 헌신 덕분에 지금의 내가 있다. 그러니 내가 어찌 감히 그녀를 함부로 재단하고 평가할 수 있단 말인가. 할 수만 있다면 꼭 전하고 싶다. '이 시간을 살아내는 것만으로도 너는 충분히 인정받고 존중받을 가치가 있다고. 네 존재 그 자체가 그 가치의 증거임을 더 이상 의심하지 않아도 된다고.'

또 다른 나, 소나의 <아이를 기다리는 시간>

2주차에는 화일지를 통해 내 안의 화를 글로써 꺼내 놓았다. 화일지를 쓰는 동안 왜 평소보다 화가 덜 나는 것처럼 느껴지는지 궁금했는데 이번 미팅에서 아난다 선생님이 말씀해주셨다. 내가 화를 바라보고 있으면 화가 덜 난다. 화를 알고 나면 화가 편안해진다. 바로 이게 이유였던 거다.

내 안에 화가 올라오는 순간 내가 그 화를 바라보면 나는 내 감정을 어느 정도 조절할 수 있게 된다. 화를 내고 나서 화를 낸 사실에 화가 나는, 화가 화를 계속 불러일으키는 상황을 막을 수 있는 것이다. 나의 화를 수면 위로 꺼내 놓고 나니 정말로 마음이 편안해졌다. 나는 앞으로 언제든 화가 나는 순간, 그 화를 의식하고, 화를 바라볼 수 있게 되었다. 물론 매 순간 그러지는 못하겠지만, 나 스스로를 화의 소용돌이로 몰고 가지는 않게 될 것 같다.

내가 책을 읽는 이유에 대해 선생님이 질문하셨다. 나는 행복해지기 위해, 더 나은 삶을 위해서라고 대답했다. 그래서 행복해지는 것과 더 나은 삶을 위한 것의 궁극적 의미는 무엇인가? 나는 거기서 막혀버렸다. 그러자 선생님은 그것은 결국 나와의 관계를 개선하고 나와의 연결감을 회복하는 것이라고 말씀해주셨다. 그렇다. 나는 결국 나에게 닿기 위해 지금 여기에 와 있다.

　행복해지기 위해 책을 읽으면 행복해지는가? 일 년 전쯤 내가 〈공간살림〉을 100일하고 깨달았던 것과 똑같은 지점에 서 있는 나를 본다. 그때도 나는 책에서 깨달음을 얻겠다고 책장 가득 책을 채우고 밤낮 책을 읽을 일이 아니라는 결론에 도달했었다. 나에게 필요한 것은 아주 작은 감각적 경험들을 통한 깨달음이라는 것을 일 년 전에도 나는 이미 알고 있었다. 그러나 나는 결국 돌고 돌아 다시 같은 지점에 와 있었다.

　한 겹의 깨달음과 열 겹의 망각이라는 지점에 와 있지만 우리를 지속시키는 것 또한 한 겹의 깨달음과 열 겹의 망각이다. 얼마나 오랫동안 이 과정을 지겹도록 반복해야 할지 모르겠다고 하소연하는 건 똑같지만, 똑같은 망각의 지점일지라도 지금의 나와 그때의 나는 달라졌음이 분명하다.

　나는 나의 기쁨을 찾는 법을 조금씩 알게 되었고, 그 기쁨을 찾아 내 에너지에 접촉할 수 있게 되었다. 느리지만 나의 속도대로 아주 천천히 가고 있었다. 가장 중요한 것은 나를 돌보는 게 얼마나 중요한지 내 감각으로 깨닫고 있는 중이었다.

　아난다 선생님은 잠깐의 명상을 통해 나의 기쁨의 감각을 깨워주셨다. '아' 하는 짧고 깊은 탄식이 터져 나왔다. 나에게 지금 가장 필요한 것은 내 몸을 쉬게 하는 연습이다. 내 몸을 충분히 돌보고 쉬어 줄 때 나는 자연스럽게 이완될 것이며, 이완과 함께 나를 휘감고 있는 긴장이 나가고 나면 에너지가 들어오게 될 것이다.

　그래서 문제를 인지했다면, 나에게 필요한 셀프 처방은 무엇인가? 나에게 필요한 것은 내가 가장 잘 알고 있다. (물론 훌륭한 가이드가 있을 때 적절한 처방을 낼 수 있을지도 모른다) 바로, 내 몸을 돌보는 시간(요가, 산책)을 나의 하루에 1순위로 배치하는 것이다. 이것은 나에게 쉬우면서도 가장 어려운 일이다. 많은 저항들이 나를 가로막고 뒤흔들 것이다. 이제 나는 그 저항에 최선을 다해 맞서야 할 때 임을 안다. 지금까지 얼버무리며 스리슬쩍 넘어갔다면 지금이야말로 뿌리를 뽑아 버릴 때다.

다시 같은 지점에 와서 헤매지 않으려면 나는 나와의 약속을 지켜야 한다. 며칠 전, 나는 꿀 같은 잠깐의 낮잠을 잤다. 낮잠을 자지 못하는 나에게 아주 오랜만의 낮잠이었다. 그것도 아이가 들어와 깨울 때까지 내가 잠이 들었는지도 몰랐다. 그렇게 내 몸의 긴장은 아주 천천히 나를 빠져나가게 될 것이다. 그날의 낮잠이 나의 가능성을 말해 준다.

지금은 나의 가능성에 나의 노력을 더 할 때다. 지금 나에게 필요한 문장을 우연히 만났다.

무엇이 되려고 읽지 말고,

원하는 감각을 끌어 올리기 위해 읽어라

김종원의 『하루 한 장 365 인문학 달력』 중에서

또 다른 나, 파랑의 <아이를 기다리는 시간>

〈아기시〉 2주차 미팅을 마치고 차오르는 충만감을 느끼며 남편에게로 향했다. 밤 11시도 넘은 시각이었지만, 남편에게 필요한 것들을 이것저것 챙겨 나갔다. 집에도 못 들어오고 힘들게 일하는 그를 위해서. 내가 해줄 수 있는 걸 해보자 싶은 마음으로.

운전하고 가는 중에 문득 이런 울림이 올라온다. 배경이어도 괜찮다. 꽃받침이어도 괜찮다. 꼭 꽃이어야 한다는 강박 내려놓자. 그것만이 아름답다는 편견 놓아버리자. 주인공이 아니어도 괜찮다. 어쩔 수 없어서가 아니라 내가 선택한 자발적 그 길 어디에 있어도 무얼 해도 나는 나로 살 수 있다.

지금 당장 내가 행복할 수 있는 그 무언가를 찾아내야 한다는, 대단한 사명을 찾아 실행해야 한다는 그 '조급함'을 내려놓자. 어디에 있든 무얼 하든 나로 살 수 있다는 믿음을 가지고 편안하게 임하라. 기회는 절로 찾아 온다. 가장 편안하고 알맞은 때에 찾아온 소명에 임하는 것이 가장 빠른 지름길. 빨리 발견해서 빨리 가려고 서두를 필요가 없다. 그 조급함이야말로 돌고 돌아가는 길. 지금 서 있는 자리에서 애쓰지 말고 내가 할 수 있는 걸 하면서 나를 돌보자. 모든 것이 선명하게 내 길을 안내할 때까지!! 선명해지면 있는 힘껏 달려가도 늦지 않아.

축사 일에서 해방된 후 내 꿈 찾아 삼만리 욕망이 강하게 올라왔다. 남편 뒷바라지는 내 삶(꿈)을 갉아먹는 시간이라 생각했다. 어쩌면 남편을 뒷바라지하는 시간이 몸 단련의 시간인지도 모르겠다. 처음 축사 일을 돕기 시작하면서 몸이 깨어나는 시간을 만난 것처럼.

지난 2년간은 나도 바쁘고 힘들어서 남편의 공간을 돌봐줄 겨를이 없었다. 방치된 공간에 있었으니 자신조차 방치된 것처럼 느꼈겠구나. (그의 외로움이 이해된다.) 〈공간살림〉의 영역을 확장해야겠다. 남편의 공간과 아이들의 공간에도 '숨-불어넣기' 작업을 해보자.

〈아기시〉 미팅 '셀프 처방' 시간에 내가 내린 처방! ▶ 몸 쓰는 시간을 늘리겠다(몸의 긴장 흘려내기. 몸의 감각 깨우기) ▶ 아이들 정리정돈 문제를 해결하고 싶다. 어떻게 교육하는 게 좋을지 고민해보겠다.

아난다 선생님은 나만의 컨텐츠를 개발한다는 생각으로 임하라. 아주 좋은 연구 주제라 생각하고 고민해보라는 말씀을 해주셨다. 문제는 기회다! 내 현장에 천직이 있다! 는 말씀도 와닿았다. 분명 헤매게 되겠지만 충분히 공부할 만한 가치가 있는 일이라 생각한다. 책만 파지 말고 내 현장 내 가족들을 파고들어 공부해보자.

① 아이 공간 살리기

문제점 파악 : 아이들에게 기대치가 높다. 하나부터 열까지 알아서 스스로 잘하길 바라는 마음 완벽한 정리를 기대했다.

해결 방법 : 기대치를 확 낮추자. 나의 목표는 완벽한 정리가 아니라 하나라도 정리하고 싶은 마음이 들게 하는 것! 아이의 긍정적 자발성에 초점을 맞추어보자. 끊임없이 과제를 제시하는 지시자(감시자)가 아닌 조력자가 되어보자. 내가 3을 노력했을 때 세상이 7을 도와주는 기쁨을 알려 주자. 하고자 하는 의지가 있을 때 세상이 날 돕는다는 기쁨을 깨닫게 해주자. 아이가 1이라도 하는 모습을 보여준다면 나는 기꺼이 7~9를 도와주자. 네가 이기나 내가 이기나 해보자. 10 그거 언제 되는지 두고 보자-이 마음이 있었다. 1도 도와주지 않으면서 10을 해내라고 했으니 아이가 하고 싶은 맘이 들었을까? 1이라도 의욕이 생길 수 있도록 환경을 조성해보자.

② 남편 공간 살리기

남편 관리사 주 2회 정도 방문해서 관리해주기(청소/요리), 챙김 받는다는 기쁨 주기, 잘 정돈된 공간에서 사랑 담긴 음식 함께 나누어 먹기(매끼를 거의 혼자 먹는 남편을 위해 내가 할 수 있는 것)

우리 가정에 뭐가 넘치는 자원이고 모자라는 자원인지 보라고, 남는 거 얻으려고 가장 모자라는 거 갖다 파는 어리석은 짓은 하지 말라던 선생님의 말씀을 되새긴다. 그러니까 더 선명해진다. 우리 가정에 모자라는 걸 일단 먼저 하자. 그게 결코 내 꿈을 갉아먹는 일이 아님을, 여기서도 충분히 나로 살 수 있음을 되새기면서.

제3주 내 아픔의 뿌리를 찾아서

♥ 내 인생이 서러운 100가지 이유

1. 하고 싶고 해야 하는 일을 자꾸만 미루려고 하는 내가 짜증난다.

2. 이번에도 책쓰기에 실패할까 봐 너무 두렵다.

3. 아무 것도 할 수 없게 될까 봐 서럽다.

4. **이도 저도 아닌 그저 그런 아줌마로 인생을 마감하게 될까 봐 서럽다.**

5. 여전히 기대수준에 한없이 못 미치는 나 자신이 한심하고 서럽다.

6. 언젠가부터 이런 감정을 풀어내는 것조차 차단당하고 있다. 스스로를 있는 그대로 받아들여 주자고, 사랑하자고, 그러지 않을 이유가 하나도 없다고 한다. 누가 뭐랬나? 하지만 그렇다고 자연스럽게 올라오는 감정까지 어쩔 수 있는 건 아니다. '있는 그대로의 나'라고? 그럼 이런 감정을 느끼는 나는 그 '나'에 포함되지 않는다는 건가?

이런 생각을 하는 '나'는 없어져 버려야 마땅하다는 건가?

7. 아무도 내 이야기를 들어주지 않을 것 같아 서럽다.

8. 능력있다는 평가를 받지 못하면 불안하고 섭섭하다.

9. 다른 사람들에게 원하는 평가를 받지 못 할까 봐, 그러면 너무 속상할까 봐 두려워서 미리 스스로를 비하하고 희화하는 나 자신이 불쌍하다.

10. 아직도 눈앞에서 다른 사람들이 칭찬을 받으면 묘한 질투가 피어오른다. 얼마나 더 기다려야 이런 유치한 나에서 벗어날 수 있는 걸까? 막막하고 한심하다.

11. 똑부러지게 아이를 키우는 똑똑한 엄마, 그러면서도 아이를 답답하게 하지 않는 따뜻하고 포근한 엄마, 그러면서도 자기 삶도 잘 챙기는 멋진 여인으로 인정받고 싶다는 욕망. 이 엄청난 욕망 때문에 말할 수 없이 부대끼면서도 역시 어느 것 하나 포기할 수가 없는 나 자신이 안쓰럽다.

12. 모두를 다 이루기 위해선 우선순위에 맞는 실행이 필요하다는 걸 알면서도 후순위에 있어 신경 쓰지 못하는 부분에 대한 평가를 들을 때면 어쩔 수 없이 속상해진다. 동시다발적으로 완벽한 나는 그야말로 비현실일 뿐이라고 아무리 타일러도 당장 삐진 그 마음까지는 어쩔 수가 없다.

13. 그 마음은 그저 들어주기만 해도 대부분 풀린다는 것도 잘 알면서 현재 꽂혀있는 그 하나에 정신이 팔려 시간 내기를 주저하는 자신을 보면 답답하기 이를 데 없다. 대체 어떻게 해야 내 안의 모든 마음들을 만족시킬 수 있을까? 이것이야말로 이생에는 이룰 수 없는 허황된 꿈인 걸까?

14. 나는 왜 이렇게 복잡하게 태어난 걸까? 스스로를 인정하고 받아들

인다는 것은 정말 어떤 느낌일까? 충분히 정비했다고 믿었는데 여전히 부족하고 또 부족한 상태. 이런 내가 쓴 책이 사람들에게 도움이 되기는 하는 걸까? 나와 비슷한 사람들에게 진짜 도움이 되는 책을 쓰기 위해서는 얼마나 더 많은 준비가 필요한 걸까? 평생을 다 써도 안 될지도 못한다고 생각하니 갑갑하고 막막해 온다.

15. 이젠 이 일을 빼고는 다른 할 일이 없는 사람이 되었는데 이마저도 제대로 해내지 못 할까봐 너무 두렵다.

16. 이런 두려움을 덜어내기 위해서는 조금씩이라도 정해진 일을 꾸준히 하는 수 밖에는 방법이 없다는 걸 알면서도, 바로 그 작업을 피하려고 하는 내가 답답하다.

17. 남들보다 빨리 지치는 저질 체력이 서럽다.

18. 사람들을 좋아하면서도 사람들 사이에서 빨리 소진되는 에너지 패턴이 속상하다.

19. 갖은 노력을 다 해봤으나 타고난 골격으로는 불가능한 지점이라는 걸 받아들이고 나에게 맞는 아름다움을 추구하자고 마음먹었다. 그리고 이제는 그리 살 수 있게 된 줄 알았다. 하지만 여전히 가녀린 선을 가진 여인들을 보면 밀려오는 부러움. 이건 대체 어디서 비롯된 걸까? 질기게도 세상의 기준에서 벗어나지 못하는 내가 서럽다.

20. 책도 마찬가지다. 내 책 한 권 갖고 싶다는 소망을 품은 지 8년. 일이 년 만에 후딱 잘도 써내는 동료들을 보면 신기하고 부럽기가 이를 데 없다. 한편으론 까짓거 책이 뭐라고, 책 안 쓰고도 잘사는 사람들이 얼마나 많은데 왜 굳이 잘하지도 못하는 데에 집착해서 삶의 질을 떨어뜨리는지 모르겠다. 그래서 깨끗하게 마음을 비워보려고 애를 써보기도 했다. 그런데 그게 잘 안 된다. 아무리 신 포도라 할 지라도 한 번은 먹어보고 죽고 싶다.

21. 마흔 경계를 넘은 지도 벌써 삼년. 스스로를 본격적으로 돌아보고 가다듬은 지도 벌써 8년이 넘어가건만 아직도 내게 속하는 것과 그렇지 않은 것을 헷갈려하는 나. '그래도 이만큼이라도 정리된 것이 어디냐'면서도 '고작 이만큼 오겠다고 다른 욕망을 희생한 걸까' 하는 질문에 후련한 답을 하지 못하는 나. 솔직히 부끄럽다.

22. 책 내기가 망설여지는 건 아마도 이런 민낯을 드러내기가 두려워서 인지도 모른다. 그래도 뭐라도 있겠지 하는 마음으로 봐주는 사람들에게 사실은 아무것도 없는 나를 들킬까 봐.

23. 그나마 그런 '척'이라도 할 수 없으면 세상에서 완전히 고립될지도 모른다는 두려움에 몸서리치는 나. 내 밑바닥까지 드러내는 모험을 굳이 해야 하나. 이것이 자꾸만 나를 머뭇거리게 하는지도 모른다.

24. 꼭 그리 나를 다 드러내지 않고도 책 한 권 정도는 쓸 수 있지 않냐고? 하지만 그게 그렇지가 않다. 내 안에서 나를 추동하는 또 하나의 커다란 욕망. '있는 그대로의 나'로 사랑받고 싶다. 나는 이런데 그렇지 않아 보이게 포장된 나로 세상에 나가는 것은 이제 와 아무런 의미가 없다고 생각한다.

25. 어느 시점부턴가 '이렇게 형편없는 나까지 사랑해 줄 수 있어?'는 새로운 관계를 여는 첫 질문이었다. '이 정도도 감당하지 못할 것 같으면 아예 내 근처에 머물 생각도 하지 마.' 굳이 보여주지 않아도 되는 치부를 먼저 드러내서 상대를 당황시키는 시험으로부터 시작되는 나의 관계들. 물론 그 시험을 통과하는 사람들은 극소수. 그러고도 안심이 되지 않아 2차, 3차 시험은 계속된다. 그렇게 모두 다 떠나버릴까 봐 그리 두려워하면서 뭐 하러 굳이 그런 모험을 시도하는 건지. 어떤 상황에서도 나를 버리지 않을 사람들을 추리고 싶어서? 그런 비용 정도는 가볍게 치를 만큼 내 가치를 높게

평가하는 사람들을 선별해내고 싶어서? 고립을 자초하는 스스로가 안쓰럽다.

26. '여전히 징징거리는 내면아이들로 꽉 차있는 형편없는 나'와 '그 모든 비용을 치르면서까지 친해지고 싶을 만큼 매력적인 나', 이리 극단적인 자아상 사이를 오락가락하느라 힘든 내가 속상하다.

27. 이런 내게 평화롭고 안정된 내면을 갖고 싶다는 희망은 진정 헛된 꿈인 걸까? '있는 그대로의 나를 인정한다'는 것과 '지금보다 더 나은 나를 원한다'는 양립불가능한 희망인 걸까?

28. 쓰다보니 알겠다. 나는 '있는 그대로의 나'를 '형편없는 상태'로 판단하고 있다는 것을. '있는 그대로의 나'는 사랑받기에 부족한 상태라고 단정하고 있다는 것을. 여전히. 이만하면 충분하다고 느끼지 못하는 내가 정말로 서럽다.

29. 네 살 때쯤으로 기억한다. 엄마와 아빠가 크게 다투고 엄마가 짐을 싸서 집을 나가려던 장면이 잊혀지질 않는다. 엄마가 사라질 수도 있구나. 그렇게 되지 않기 위해서는 내가 뭐라도 하지 않으면 안 된다는 생각을 했던 것 같다. 가족의 평화를 위해 뭔가를 하고 있다는 느낌은 내 자부심의 원천이자 고단함의 근원이었을지도 모르겠다. 2년 전 복직해 너무나 힘들어 상담을 받을 때 40년 넘게 기억 저편으로 밀어내고 있던 이 장면을 떠올리고 오열했다. 이후 엄마가 떠날까봐 두려워하던 내 안의 아이를 다독이고 품어내려고 정성을 다했는데 아직 멀었나보다. 여전히 아프고 또 아프다.

30. 의지하고 싶었다. 엄마에게. 그러나 나의 엄마는 맞춤법도 제대로 맞추지 못하고 상황 파악도 못하는 부끄러운 사람. 틈만 나면 사고를 치는 사람. 나는 아빠가 직장에 나가 있는 동안 아빠를 대신해 엄마를 감시 감독하는 역할을 해야 했다. 그래야 우리 가족의 품위

를 유지할 수 있다고 믿었다.

31. 초등학교 고학년 때부터 엄마는 술을 먹었다. 학교에서 돌아오면 술 냄새를 풍기며 이상하게 눈이 풀려있는 엄마가 있었다. 부끄럽고 창피했다. 어떻게든 사람들 눈에 띄지 않게 하고 싶어 자꾸만 엄마를 방에 가두려고 했다. 멋진 엄마를 갖고 싶었다. 총명한 눈빛으로 깔끔하게 정리된 집에서 맛있는 간식을 준비해두고 나를 기다리는 그런 엄마를 얼마나 그리워했는지 모른다.

32. 나는 엄마라는 죄인을 지키는 간수였다. 간수 역할은 달콤하고도 끔찍했다. 완벽하게 일을 해낸 대가로 나의 상관이자 영웅이었던 아빠로부터 가슴 벅찬 인정과 칭찬을 받았다. 너무나 좋기만 한 건 아니지만 아빠를 기쁘게 하기 위해서라면, 그래서 우리 가족을 지켜낼 수만 있다면 이 정도는 얼마든지 할 수 있다고 생각했던 것도 같다.

33. 엄마가 아빠 욕을 하면 참을 수 없었다. 엄마는 그런 말을 할 자격이 없다고 생각했다. 아빠가 다 잘했다는 건 아니지만 오죽했으면 그렇게까지 했을까. 엄마가 조금만 더 노력해서 아빠가 원하는 대로 해주면 될 것을 왜 그리 간단한 걸 못하는지 답답하기만 했다.

34. 독서실은 나의 도피처였다. 집에서의 모든 의무로부터 당당하게 벗어날 수 있는 공간. 어떻게든 그 공간을 지키고 싶었다. 그래서 있는 힘을 다해 공부했다. 고2 때까지도 성적이 나쁜 것은 아니었지만 고2 겨울 방학을 기점으로 드라마틱한 성적향상이 있었다. 그 다음부터 나를 불편하게 하는 것은 한 순간에 사라졌다. 학교에서도 집에서도 모든 상황은 나를 중심으로 돌아갔다. 그 이후 집에서 엄마가 술 마시는 것을 본 적이 없다. 집에 있는 시간이 너무나 적어져 엄마가 술 마시는 것을 볼 기회가 없어서였는지도 모른다. 하

지만 엄마는 저녁마다 따뜻한 밥을 지어 독서실로 배달을 오셨다. 물론 맨정신으로 보였다. 모의고사 성적표가 나올 때마다 우리 집에서는 그야말로 TV 속에서나 볼 수 있을 것 같은 그런 따뜻하고 포근한 스위트홈의 한 장면이 연출되었다. 뿌듯하고 자랑스러웠다. 지금까지도 이 시절은 내 생에 가장 행복했던 시절로 기억된다.

35. 대학 1학년을 마치고 굳이 다시 재수를 시작한 것은 이 시절에 대한 그리움 때문이었던 것 같다. 나와 가족이 모두 행복했던, 아니 그런 줄 알았던 그 시절을 복원하고 싶었던 것 같다. 물론 실패했다. 그 좌절감을 참 오래도 품고 살았던 것같다. 이후로도 한동안 해마다 입시 철만 되면 서울대 정문 앞에서 안으로 들어가지 못해 애를 태우고 있는 꿈을 꾸곤 했다. 이런 내가 안쓰럽다.

36. 대학에 가니 잘난 친구들이 너무 많았다. 공부 잘하는 것 하나로 학창시절을 버텼던 나로서는 충격이었다. 친구들 속에 있으면서도, 겉으로는 잘 어울리는 듯했으면서도 이 아이들은 나랑은 다른 애들이라는 생각에 소외감을 느꼈다. 잘 나가는 아버지를 가진 친구들 사이에서 직업군인이신 아빠가 초라하게 느껴지기도 했다. 아빠의 직업을 당당하게 이야기하지 못하는 나를 발견하고 아빠에게 너무 미안했다.

37. 대학 1학년 때 아빠는 병으로 직장을 나오셔야 했다. 그때가 아빠 나이 마흔여섯. 지금의 나보다 겨우 세 살이 많다. 꿈에 그리던 진급까지 하고 이제 비로소 자기 세상을 펼치려던 참이었을 아빠는 좌절하셨다. 그리고 그 좌절감은 다시 엄마와 동생에게 폭포수처럼 쏟아져 내렸다. 그러나 나는 모른 척했다. 그 진창으로 따라 들어가고 싶지가 않았다.

38. 내가 가족을 위해 할 수 있는 것은 눈에 보이는 성취뿐이라고 믿

었던 것 같다. 학교를 그만두고 재수를 하겠다고 했던 이면에는 내가 잘 할 수 있는 것으로 어떻게든 가족의 불행을 막아보려는 마음도 있었던 것 같다. 어쩌면 재수 실패에 대한 좌절감은 학교에 대한 집착이라기보다는 그런 목적을 이루지 못한 슬픔에서 비롯되었을지도 모른다.

39. 학교로 다시 돌아가서도 어떻게든 아빠의 기쁨이 되려고 애를 썼지만 잘 되지 않았다. 병중에도 내가 하고 싶다는 건 뭐든 지원을 해주셨지만 나는 어느 것 하나 제대로 해내지를 못했다. 나는 너무 죄송했고 아빠도 슬슬 실망하기 시작하셨던 것 같다.

40. 그러다 정신을 차린 것은 3학년 말쯤이었다. 지방의 어느 대학에서 영어수업을 듣고 있던 때. 아빠 친구의 집에서 아이들을 가르치며 학교를 다녔다. 그런데 그 집 아주머니께서 식사 후 설거지를 하라고 하셨다. 말없이 하기는 했지만 속에서는 굴욕감으로 피눈물이 났다. 큰일 할 아이라고 집에서도 한 번 해본 적 없는 설거지였다. 집뿐만이 아니었다. 아빠의 그늘아래 나는 늘 공주였던 거다. 그때 알았다. 이제 아빠의 왕국은 끝이 났구나. 내가 정신을 차려야 우리 가족을 지킬 수 있겠구나. 학교로 돌아온 나는 180도 달라져 있었다.

41. 아무 생각 없이 살던 나는 본격적으로 어찌 먹고 살 것인가를 고민하기 시작했다. 우선 엉망이 된 학점을 만회하는 것부터 시작했다. 딱히 하고 싶은 일도 없던 차라 일방적으로 목을 매던 남자친구와의 관계도 점점 달라지기 시작했다. 정신적 가장이 된 나는 연애 따위에 낭비할 시간이 없었다. 그가 점점 귀찮아졌다. 그러면서 나는 나를 더 믿지 않게 되었다. 나의 '사랑'을 의심하기 시작했다.

42. 그러지 않겠다고 이만 졸업하겠다고 몇 번을 다짐하고 선언했건만 여전히 나는 나를 믿지 못한다. 나를 더 좋아하게 되었다고 했지

만, 여전히 더 잘하고 더 예쁘고 더 멋지고 더 착하고 더 쿨하고 심지어는 더 이상한 내가 되지 못한다면 사랑하지 않을 거라는 협박을 일삼는다. 왜 다른 누구도 아닌 나 자신을 믿고 사랑하는 것이 이리도 어려운 걸까? 어느 누군가에겐 너무나 당연한 것이 어째서 내게는 이리도 어려운 도전인 걸까. 서럽다.

43. 다 이해한다고 했다. 기다려주겠다고 했다. 얼마든지 기다려 줄 테니 충분히 쉬어도 좋다고 했다. 하지만 그다음은? 원하는 만큼 쉬었으니 이제는 그동안 놓친 것까지 단숨에 따라잡아야 하는 건가? 휴식을 용인해준 것은 바로 그것까지가 최적의 성과에 필요한 성분이기 때문인 건가? 여전히 나는 성과를 내지 못하면 무가치한 사람인 건가? 존재 자체로 인정받는다는 건 내게는 허락되지 않는 성역인 걸까? 속상하다.

44. 그동안 애써 다독여왔던, 추슬러왔던, 아니 그런 줄만 알았던 목소리들이 마구 쏟아져 내리는 시간들이 부담스럽다. 어느 정도 해결되었다고 믿었는데 아니었나 보다. 평생을 바친다 한들 의미 있는 변화를 기대할 수 있을까? 나 자신조차 건사하지 못하는 내가 다른 누구를 돕겠다는 건지? 직업적인 도움이야 얼마든지 미룰 수 있다지만 이미 나와 관계를 시작한 내 가족들과 친구들은 어쩌면 좋지? 그들에게도 가능한 한 멀리 떨어져 있는 것이 내가 할 수 있는 최선이려나?

45. 나는 왜 이런 복잡하기 이를 데 없는 구조로 이 세상에 온 걸까? 속상하다.

46. 어쩌자고 이런 상태로 결혼을 하고 아이를 둘씩이나 낳은 걸까? 그 대책 없음이 서럽다.

47. 도망치고 싶다. 그러나 아무리 생각해봐도 갈 데가 없다. 결국 이

지면이 내가 떠날 수 있는 유일한 여행지다.

48. 건강에 나쁜 거 알면서도, 입을 통과하는 그 시점에도 이미 후회가 밀려올 것을 알면서도 달고 짠 음식이 너무 땡긴다. 먹을 때마다 무너지는 몸의 선들이 느껴지는 것만 같다. 그러면서도 멈출 수가 없다. 나이 마흔셋 먹을 때까지 식욕 하나 어쩌지 못하는 내가 한심하다.

49. 내가 제일 끔찍해하는 대책 없는 넋두리가 끝이 없다. 한 말 또 하고 한 말 또 하고.

50. 이쁜 아가야들~하면서 다정하게 깨운 것까지는 좋았는데...책상 위에 돌돌 말린 채 널부러져 있는 양말을 발견하고는 이성을 잃었다. "엄마가 니들 종이야? 엄마가 하는 말을 뭘로 듣는 거야? 엄마가 니들 뒤치다꺼리나 하면서 늙어 죽어야 속이 시원하겠어?" 듣다 못한 훈이가 "그럼 엄마도 안 치우면 되잖아!" 한다. "어! 그래도 맨날 사람들 드나드는데 어떻게 그래?" 결국 다 나 좋자고 하는 청소 아닌가? 아이들은 받아들인 적이 없는 그 기준을 갖고 애들을 잡는 나. 속상하다.

51. 늘씬하고 군살 없는 몸매를 갖고 싶다. 그런데 그게 잘 안 된다. 속상하다.

52. 들여다보면 볼수록 엉망진창이다. 이런 주제에 대체 누굴 돕겠다는 건지. 속상하다.

53. 아이들을 믿지 못하는 건 이리 복잡하고 정신없는 나를 닮았을까 봐, 결국은 나처럼 돼 버리고 말까 봐 걱정되나 보다.

54. 너무 좋다면서, 더 바랄 나위 없다면서 그게 다 위선이었던 걸까? 어둡고 칙칙하고 냄새나는 그 모든 것들을 후미진 골방에 처넣고 보이는 곳만을 쓸고 닦으며 이리 쾌적하니 더 바랄 게 없다는 건가?

55. 할 수만 있다면 끝까지 모른 척하고 싶었는지도 모른다. 그런데 자꾸만 골방에 가둬두었던 어둠이 다른 영역으로 새어 나오는 느낌이다. 싫더라도 피하고 싶더라도 이젠 더 이상 미룰 수가 없는 지경에 이른 것 같다. 대체 이놈의 어둠들은 어디가 끝인지. 말끔히 치우고 나도, 더이상 어지럽히기 싫어 아무도 못 들어가게 막아놔도 시간이 지나면 먼지가 수북히 쌓이고 마는 방 같은 걸까? 어쩔 수 없이 주기적으로 쓸고 닦아 줘야 하는 공간 같은 걸까? 갑갑하다.

56. 발레가 너무 하고 싶은데 돈 때문에 망설이는 내가 안스럽다.

57. 퇴직금을 한 푼도 남기지 않고 대출 갚는데 쏟아부어서 내 맘대로 쓸 수 있는 돈이 정말 하나도 없다. 서럽다.

58. 피부는 하루라도 젊었을 때 가꾸어야 한다는데 그 흔한 마사지 한 번 받을 여유가 없는 것이 속상하다.

59. 누가 뭐라는 것도 아닌데 나 자신에게 돈 쓰는데 인색한 스스로가 서럽다.

60. 애들이 배우고 싶다는 것을 맘껏 하도록 해주지 못하는 것이 서럽다.

61. 스스로에게 투자하는 것이 적지 않다는 것은 인정한다. 하지만 그 투자에는 늘 조건이 붙는다. 이리 배려했으니 그에 걸맞는 성과로 보답해야하는 거 알지? 그냥 조건 없이 하고 싶다는 거 맘껏 하게 좀 내버려 두면 안 되나? 내가 그만한 가치도 없는 건가?

62. 15년 열심히 일해서 받은 퇴직금인데 스스로를 위해 충분히 쓰지 못한 것이 서럽다.

63. 이렇게 말하고 있으니 한쪽 구석에서 목소리가 들린다. 그만큼 했으면 됐지, 뭘 더 바라는 거니? 아이들 학교에 간 시간 집에서 오롯이 하고 싶은 일을 하며 시간을 보내는 지금, 매일 운동하고 꼭 하고 싶었던 공부도 하고 있고, 가끔 만나고 싶은 사람들이랑 만나

시간을 보내고, 하고 싶은 거 이만큼 하고 있으면 되었지. 도대체 얼마나 더 해야 직성이 풀리겠다는 거야? 그런 걸까? 그러게나 말이다. 밑 빠진 독같은 내가 무섭다.

64. 존재 자체로 인정받는다는 건 어떤 느낌일까? 뚱보, 건망증 환자, 자기만 아는 이기주의자 박미옥은 그렇게나 필사적으로 피해 다녀야 할 만큼 끔찍한 존재일까? 그리되면 사랑받을 가치가 없어진다고 생각하는 나 자신이 서럽다.

65. 총명하고 아름답고 너그럽고 평화로운 박미옥이 되고 싶은 건 여전히 그래야만 더 사랑받을 수 있다고 믿기 때문인 걸까? 아니라고 얼마나 말해줘야 믿어줄까? 충분히 사랑받지 못해 속상한 나와 무한한 사랑을 품고 있으면서도 정작 그 마음을 제대로 전달할 줄 모르는 나. 이 두 나를 연결할 방법을 아직도 잘 모르는 것이 속상하다.

66. 대체 무슨 이야기를 쓰고 있는 건지. 이리 복잡한 내가 불쌍하다.

67. 사랑한다고 그리 말해도 믿어주지 않는 내가 좌절스럽다.

68. 더 따뜻한 가슴을 갖고 싶다. 그런데 잘 안 되는 게 속상하다.

69. 가족을 위해 시간과 에너지를 쓰고 싶다고 결정한 것도 나 자신이면서 그러느라 힘들다고 징징거리는 내가 답답하다.

70. 아이들이 나처럼 살게 된다면? 아이들을 위해서라도 더 열심히 살아야 하나? 행복하다는 건 어떤 걸까? 이런 시간을 보낼 수 있는 건 축복일까? 아니면 괜한 낭비인 걸까?

71. 내 안의 모든 목소리들에 귀 기울이는 시간을 갖고 싶어서 편 판이다. 그런데 막상 펴놓고 보니 그야말로 가관이다. 이렇게 서로를 미워하면서 어떻게 그간 한 몸 안에 살고 있었는지가 궁금할 정도다. 모두가 행복했던 순간도 있었잖아. 결국 모두가 함께 인정할

만한 엄청난 위기가 찾아와야 정신을 차리고 우리가 모두 한 편이라는 걸 받아들이겠다는 거야? 살만하니까 서로 다투기 시작하는 거 너무 불쌍하다.

72. 이렇게 다양한 캐릭터들을 한 몸에 거두느라 부대끼는 나 자신이 안쓰럽다.

73. 더 이상 다른 누구를 탓할 수가 없다. 다 내 안의 이야기임을 인정할 수밖에 없다.

74. 생각이 나지 않는다. 내 인생이 서러운 이유들. 뭐가 더 있지? 아무런 생각이 나지를 않는다.

75. 그래도 써야 한다. 100개를 쓰자고 한테는 다 이유가 있다는 걸 아니까.

76. 갖은 노력을 다 했음에도 불구하고 여전히 두꺼운 허벅지가 서럽다.

77. 있는 그대로의 스스로를 받아들이지 못하고는 이 자리에서 한 걸음도 더 움직일 수 없다는 것을 알면서도, 그래서 정말 많은 노력을 기울였음에도 불구하고 여전히 이 자리에서 벗어나지 못하고 있는 내가 답답하다.

78. 이쯤되면 포기가 필요한 걸까? 여기서 더 어째 보려는 건 욕심일까? 잘 모르겠어서 속상하다.

79. 마음먹은 것들을 쉽게 금방금방 해내는 사람들을 보면 한없이 작아진다. 그렇지 못한 내가 속상하다.

80. 더 욕심 없다면서 실은 그렇지 않은 나. 이리 욕심 많은 나를 데리고 어찌 살아야 할지 막막하다.

81. 총기는 떨어져 가는 것이 분명한데 지혜로워지는 것 같지도 않아 걱정된다.

82. 늘씬한 다리를 갖고 싶다. 그렇다고 너무 마른 걸 원하는 것도 아니다. 더하지도 덜 하지도 않는 딱 좋은 그 지점. 탄력 넘치면서도

빈약해보이지 않는 그 지점을 오래오래 유지하고 싶다. 그런데 잘 안 된다. 잘 안되니까 막 망가져 버리고 싶은 마음이 든다. 무섭고 속상하다.

83. 그동안의 시행착오들로 많은 깨달음을 얻은 줄 알았는데, 그래서 더 나은 사람이 되어있는 줄 알았는데 여기까지 와보니 별로 나아진 게 없는 것 같다. 허망하고 막막하다.

84. 이걸 사람들에게 보일 수 있을까? 이걸 읽으면 사람들은 나를 어떻게 생각하려나? 용기가 없어진다.

85. 완벽하고 싶다. 필요한 것들로만 깔끔히 정리된 공간, 그런 시간들 안에서 군더더기 없는 삶을 즐기고 싶다. 이것이 그리도 허황된 꿈인걸까?

86. 완벽하고자 하는 그 마음이 아픈 마음의 징후라니 뭔가 억울한 마음이 든다.

87. 차라리 아무것도 모르던 시절이 나았던 것 같다. 어줍지 않게 아는 지식으로 섣부르게 스스로를 재단하고 단정 지으려고 하는 내가 싫다.

88. 나는 나를 좋아하는 줄 알았는데 아직 멀었나 보다. 속상하다.

89. 주변에 좋은 사람들이 참 많다. 그들을 다 알아보지 못하고, 알아봤다고 하더라도 그들과 충분히 함께 할 여유를 내지 못하는 것이 안타깝다.

90. 이제는 됐다 싶었는데 아직도 이런 내가 쓴 글이 무슨 도움이 될까 하는 생각이 자꾸만 든다.

91. 다른 누구를 위해서가 아니다. 나를 위해서다. 고개를 끄덕이면서도 여전히 본인 안에 갇힌 내가 답답하게만 느껴진다.

92. 백옥같은 피부를 갖고 싶다. 그런데 안 된다. 속상하다.

93. 내 곁에 있는 사람들을 충분히 사랑하며 살고 싶다. 그런데 어렵

다. 속상하다.

94. 엄마한테 한번 다녀와야 하는데 시간이 나질 않는다. 그래서 속상하다.

95. 통장정리 한다고 한 지가 3개월이 넘었는데 아직도 그대로다. 갑갑하다.

96. 집 정리도 마찬가지다. 어느 시점엔가 멈춰서 진도가 나가지 않는다. 정리는커녕 그날그날 청소도 힘들다.

97. 그렇다고 누구 손을 빌리고 싶지도 않다. 대체 어쩌자는 건지. 답답하다.

98. 여한없이 살았다고 믿었다. 그런데 정작 나 자신조차 사랑하지 못하고 있었다니. 다시 원점으로 돌아온 것 같아 속상하다. 이 작업 괜히 시작했나 싶기도 하다.

99. 그러나 피할 수 없었다는 것도 안다. 그럴 수 있었다면 굳이 하지 않았을 테니까. 무슨 삶이 이리도 관문이 많은 걸까? 산 넘어 산이란 말이 딱 맞다.

100. 원하는 모든 것을 고민 없이 습관처럼 할 수 있는 시스템을 갖고 싶다. 그런데 아직 멀었다. 과연 되기는 할까 하는 의심을 지울 수가 없다. 속상하다.

폭풍 같은 일주일을 보냈습니다. 괜한 일을 시작한 게 아닌가 후회하는 마음도 올라왔습니다. 그나마 정리되어 있던 공간들까지 침범해 존재감을 과시하는 해 묵은 감정들, 생각들, 상처들. 그야말로 혼란의 도가니가 아닐 수 없습니다. 그나마 다행스러웠던 것은 주어진 시간이 딱 일주일밖에 없었다는 것. 한계를 두지 않으면 어디까지 빠져들지 장담을 할 수 없습니다. 끝이 있을 수 없는 작업이니까요.

언젠가 작정을 하고 덤벼들었던 적이 있습니다. 속이 후련해질 때까지, 한 치의 아쉬움도 없을 때까지 내 안에 불쾌한 느낌의 뿌리를 낱낱이 찾아내어 제거해보고 말리라. 다짐했습니다. 그 결과가 뭐냐구요? 그것 말고는 아무것도 할 수 없게 되더라고요. 신경이 온통 '서러움'에 집중되어 모든 자극을 이 센서로만 감지합니다. 시간이 지날수록 점점 더 예민해져 어느새 존재 자체가 '서러움'이 되었는 저를 발견했습니다. 더 행복하기 위해 시작한 작업이었는데 그 작업에 몰두하느라 '행복감'을 감지할 수 있는 여유를 잃어버리게 되었습니다.

게다가 아무리 공들여 대청소를 해 놓았다고 해도 그 완벽하게 정리된 상태를 유지할 수 있는 시간이 정말 얼마 되지 않는다는 것을 깨달았습니다. 청소가 필요하긴 하지만 청소 자체가 삶이 되어서는 안 된다는 것. 청소는 어디까지나 일상을 풍요롭게 하는 선에서 해야 하는 작업이라는 것도 함께요. 그래서 시간제한을 두었습니다. '딱 1주일. 주어진 시간 최선을 다하되 시간이 지나면 미련 없이 털고 일상으로 돌아 온다'가 이 작업의 조건입니다.

그럼 이번 청소를 통해 저는 무엇을 얻을 수 있었을까요? 지면이라는 쓰레기 봉투에 담은 서러움들을 살펴보다 보니 유난히 북받쳐 울고 있는 그녀가 눈에 들어옵니다. 삶에서 가장 빛나야 할 시기, 본인이 어쩔 수도 없는 조건들 때문에 사랑하는 가족들에게서조차 인정받지 못하셨던 엄마의 슬픔을 내 생에서 되풀이하게 되면 어쩌나, 그래서 엄마의 아픈 모습을 보고 자란 아이들이 또 나처럼 죄책감과 수치심, 두려움을 품고 평생을 고통받게 되면 어쩌나 하는 공포에 압도된 여인. 초등학교 고학년 정도의 얼굴에서 40대까지 나를 거쳐 간 얼굴들이 그녀 안에 모두 보입니다.

그리고 보니 이해가 됩니다. 그래서 그때의 그 상황과 조금이라도 비슷한 장면이 연출되면 마치 그것이 마치 불행의 전조라도 되는 것처럼 깜짝 놀라 어떻게든 뿌리를 뽑고 싶어 과민한 반응을 보이게 되었던 것입니다. 그리고 나면 바로 이 예민함으로 인해 그리도 끔찍해 하는 시나리오를 내 방식으로 재현하는 게 아닌가 하는 생각에 더 괴로워지곤 했던 것 같습니다.

10남매 중 장녀로 글자보다 가마솥에 밥짓기를 먼저 익혔다던 엄마. 몸이 약하신 외할머니 대신 집안일을 돌보아야 했던 엄마는 학교 보다 부엌과 논밭에서 더 많은 시간 보내셨습니다. 딸들은 가르쳐봐야 소용없다는 확고한 교육관을 갖고 계신 외할아버지 아래에서 큰딸인 엄마는 그야말로 살림 밑천 역할을 제대로 해내신 셈입니다.

가정환경조사서의 엄마 학력란을 '고졸'로 채워넣는 아빠를 보며 생각했습니다. 엄마가 정말 '고졸'이 아닌 건 부끄러운 거구나. 언젠가부터 아빠에게 묻지 않고도 가정환경조사서를 작성하게 되면서 저는 비밀엄수의 책임감까지 물려받게 되었습니다.

엄마는 평생을 배우지 못한 설움과 함께 사셨습니다. '십 원 한 장 못 벌어오는 주제에' 부모님의 부부싸움은 늘 이 한 마디로 종결되었습니다. 엄마의 마음 따위는 고려의 대상조차 되지 않았습니다. 그저 부족한 자신을 거둬주는 남편과 아이들을 위해 혼신의 힘을 다하는 것만이 엄마가 존재를 증명할 수 있는 유일한 방법이었습니다. 아무도 엄마의 이야기를 들어주지 않았습니다. 그런 엄마가 답답한 마음을 터놓을 만한 친구로 선택한 것은 알콜이었습니다.

　하지만 그 친구가 엄마에게 준 위안의 대가는 잔혹했습니다. 엄마가 술을 마시기 시작하면서 저는 더 철저히 아빠 편이 되어갔습니다. 제게 엄마는 어떻게든 감추어야 할 치부의 다른 이름일 뿐이었습니다. 뭐 하나 제대로 할 줄 아는 것 없는 엄마 대신 안팎으로 이리 뛰고 저리 뛰며 고군분투하시는 아빠가 너무 불쌍했습니다. 하지만 제가 할 수 있는 일이라곤 열심히 공부하는 것뿐이었습니다. 저의 성적표만이 아빠의 불행을 지우는 유일한 지우개였으니까요. 적어도 저는 그렇게 믿고 있었습니다.

　그렇게나마 유지되던 집안이 갑자기 휘청거리기 시작한 건 대학1학년 때였습니다. 고대하던 승진 후 연수중이시던 아빠가 갑자기 쓰러지신 겁니다. 아빠는 바로 병원으로 호송되셨고 입원한 지 일주일 만에 퇴직명령이 떨어졌습니다. '간암. 더 이상 근무를 계속할 수 없음'이라는 판정과 함께. 아빠 나이 마흔여섯의 일이었습니다. '갑자기'라고 표현했지만 사실 아빠의 병이 시작된 것은 한참 전의 일이었습니다. 하지만 아빠는 행여 누군가에게 들킬새라 더욱 일에 매달리셨습니다. 이대로 아프다는 사실이 밝혀져 퇴직이라도 하게 되면 당장 식구들의 생계가 막막하다고 생각해, 알면서도 병을 키워 오신 겁니다.

　퇴직 후 아빠의 분노는 다시 한번 엄마를 향해 폭포수처럼 쏟아져 내렸습니다. '너만 만나지 않았어도 내가 이렇게 되진 않았을 거다. 너만 만나지 않았어도...' 엄마는 한마디 변명도 없이 아빠의 원망을 온몸으로 다 받아내셨습니다. '맞아. 다 엄마 탓이야. 엄마가 다 책임져야 해.' 입 밖으로 낸 적은 없었지만 분명히 저는 그렇게 말하고 있었습니다. 이후로도 13년이나 계속되었던 그 모진 투병생활을 지켜보면서도 단 하루 아빠의 병실을 지키지 않았던 것도 이 모든 재앙의 책임이 엄마에게 있다는 걸 분명히 하고 싶었던 것 같기도 합니다.

부모님의 평탄치 않은 결혼생활을 지켜보면서도 한 치의 두려움 없이 결혼을 할 수 있었던 건 아마 '나는 엄마와는 다르다'는 믿음 때문이었을 겁니다. 엄마가 아빠의 마음에 '흡족한' 그런 아내였더라면 우리 가족의 운명은 어떻게 바뀌었을까? 자신 있었습니다. 나 정도면 아빠가 말씀하시던 바로 그 '자랑스런 엄마'의 역할을 해내기에 충분하다고 생각했습니다. 그래서 딱 아빠 같은 남자를 골라 결혼했습니다. '부족한' 엄마가 망쳐버린 행복한 가정을 스스로의 힘으로 복원해 내고 싶었던 것 같습니다. 그러나 삶이 제게만 유독 그리 쉬울 리가 있을까요?

여자로서, 인간으로서 엄마의 삶과 마주할 기회를 처음 가졌던 것은 8년 전이었습니다. 엄마라면 진저리를 치던 제가 그럴 마음을 냈던 것은 제가 살기 위해서였습니다. 아이들을 낳고 원인을 알 수 없는 우울증과 무력감이 저를 덮쳐왔습니다. 사는 것이 벅차고 힘들게만 느껴졌습니다. 죽고만 싶었습니다. 하지만 저 하나만 믿고 평화롭게 잠든 아이들을 두고 그럴 수는 없는 일이었습니다.

그래서 어떻게든 살아보겠다고 책을 읽기 시작했습니다. 처음엔 책을 읽는 동안만이라도 고단한 현실에서 도망칠 수 있어서 좋았습니다. 그런데 언제부턴가 자꾸만 책이 말을 걸어왔습니다. 어디가 그렇게 아픈데? 그 통증은 어떤 느낌인데? 정말 사는 게 그리 아프기만 한 거니? 기쁜 순간은 진짜로 없었던 거야? 넌 어떤 아이였는데? 엄마는 어떤 분이었니? 넌 어떻게 세상에 왔니? 등등 읽기는 자꾸만 쓰기를 초대했습니다. 그렇게 고통을 잊기 위해 읽고 쓰다 보니 어느새 엄마의 삶을 들여다보고 있는 저를 발견하게 되었습니다.

아무것도 모른 채 시집와서 아는 사람 하나 없는 낯선 곳에서 아이 둘을 낳아 키워야 했던 어린 엄마의 막막함이 고스란히 전해져왔습니다. 그랬구나. 내게 책과 노트가 해주었던 역할을 엄마에겐 술이 해주었던 거구

나. 그때 엄마가 그리도 애타게 내 이름을 불렀던 건 가슴을 다 내어주면서 키운 큰 딸인 나에게만큼은 이해받고 싶다는 간절함이었던 거구나. '이러면 안 되는데, 내가 이러면 안 되는데...' 주문처럼 중얼거리시던 엄마의 혼잣말은 그래선 안 되는 걸 알면서도 사무치는 외로움과 서러움을 달랠 다른 방법을 찾지 못하는 자신에 대한 미움이었구나. 그런데 나는 그것도 모르고 엄마를 밀어내려고만 했던 거구나. 아이인 나는 어쩔 수 없었는지 모르겠지만 그 때의 엄마만큼 자란 지금은 다를 수 있잖아. 그래도 아직 엄마가 계시잖아. 얼마나 다행이니. 더 이상 망설이지도 미루지도 말자.

그해 엄마랑 참 많은 이야기를 나누었습니다. 울기도 많이 울었고요. 물론 처음부터 순조로웠던 것은 아니었지만 그래도 엄마는 끝까지 저를 기다려주셨습니다. 그렇게 모녀는 더 늦지 않게 '사랑한다'는 말을 마음으로 주고받을 수 있게 되었습니다. 너무나 당연한 거 아니냐고요? 그러게요. 그런데 그 당연한 걸 할 수 있게 되기까지 참 오랜 시간이 필요했네요. 그래도 얼마나 다행인지 모릅니다. 그즈음 막막하기만 하던 엄마 역할이 한결 수월해진 것도 그저 우연은 아니었겠지요? 물론 이 모두가 철없는 딸을 한결같이 기다려주신 엄마가 계셨기 때문에 가능한 일이었지만요.

그렇게 엄마로서 8년을 더 살았습니다. 그리고 다시 써보는 내 인생이 서러운 100가지 이유. 내 인생이 서러운 이유를 100가지나 쓰는 데는 이유가 있습니다. 10개를 쓰라고 하면 생각하게 됩니다. 하지만 100개가 되면 상황이 달라집니다. 머리로 쓰려고 해선 도저히 100개를 채울 수가 없습니다. 100개를 채우겠다는 절실함은 자기도 모르는 새 가슴을 열게 합니다. 1주일이라는 정해진 시간 안에 100개를 채우기 위해선 자기 안에서 들리는 소리는 하나도 빠짐없이 다 받아 적어야 합니다. 판단 따위를 할 여유가 없습니다. 그러다 보면 평소에는 알아차리지 못하던 목소리가 들려오기 시작합니다.

그동안 간간히 비슷한 작업을 해보지 않았던 것은 아니었습니다. 어려운 일이 있을 때마다 제 안의 그녀들 덕분에 고비를 잘 넘길 수 있었습니다. 엄마의 딸로서 느꼈던 죄책감을 잘 풀어내었던 경험이 알게 모르게 큰 자신감으로 작용했을 겁니다. 그렇게 다 끝난 줄 알았습니다. 그런데 아니었네요.

그러고 보니 이해가 되는 것도 같습니다. 엄마가 원인이라고 믿던 수치심은 어느 틈엔가 제 존재의 한 부분이 되어있었나 봅니다. 밀려오는 수치심을 지워내고자 그렇게 안간힘을 쓰면서 살았나 봅니다. 인정받고 존중받고 사랑받을 자격을 얻기 위해 그리 안절부절하면서 살았나 봅니다. 부끄러움을 느끼지 않아도 좋은 그 지점에 대한 확신이 없기 때문에 늘 그리도 확인받고 싶었나 봅니다.

머리로는 용서하고 또 용서받았다고 했지만 아니었나 봅니다. 이 느낌이 싫어서, 이 느낌에서 벗어나기 위해서 얼마나 열심히 살았는데, 이 느낌만은 아이들에게 물려줄 수 없다고 생각했기에 그리 있는 힘을 다했건만 아직 이 자리. 도대체 뭘 어떻게 해야 이 끔찍한 상처를 치유할 수 있게 될까요? 과연 이번 생이 끝나기까지 가능하기는 한 걸까요?

인류에게 수많은 지혜의 전승이 이루어지고 있다고는 하나
상처없이 건강한 어른을 만들어 내는 방법을 우리는 아직도 잘 모른다.
지금까지 많은 사람들이
내 자식만은 상처 없이 키우겠다고 다짐했지만
그 누구도 완벽하게 성공하지 못했다.
우리는 너나없이 상처를 갖고 있으며
그 상처를 치유하는 과정에 서 있을 뿐이다.

그러니 왜 유독 나만이 이런 고통을 겪어야 하는가, 라고
슬퍼할 필요는 없다.
이제 남과 비교하기 위해 밖으로 향해 있던 시선을 거두고,
내면으로 돌아와 웅숭거리고 있는 아이들을 하나씩 바라봐주고
그들의 이야기를 들어주고 눈물을 닦아주는 일을 시작해야 한다.
나만이 나를 돌볼 수 있다.
그럴 나이가 된 것이다.

박미라의 『치유하는 글쓰기』 중에서

4년 전 나와의 만남

편안하게 서러움 리스트를 읽고 있는 나를 본다. 간간히 눈가에 맺히는 건 눈물이 아니라 미소였다. 그렇다고 이제는 그 모든 서러움으로부터 완전히 자유로워졌다는 얘기일 리가 없다. 그리 정성을 다해 살피고 돌보았는데도 여전히 내 몸에는 서러움의 흔적들이 곳곳에 남아 있음을 느낀다. 날이 궂으면 어김없이 통증으로 존재를 증명하는 관절염처럼 다시 태어나지 않는 한 이미 상한 조직을 원래대로 되돌리는 것은 불가능한지도 모른다. 이쯤 되면 도저히 받아들이지 않을 수 없다. '이 익숙한 통증을 어떻게 다루는가'가 남은 삶의 장르를 결정하게 되리라는 진실.

그럼에도 불구하고 담담히 서러움을 마주할 수 있는 것은 그동안 내가 힘들었던 근본적인 원인이 '상처'나 '서러움' 자체가 아님을 알아차렸기 때문일 것이다. 나를 숨막히게 하고 움추려들게 했던 것은 상처나 흉터 자체보다 그것을 대하는 나의 태도였다. 상처는 부끄러운 것이 아니다. 서러움도 마찬가지다. 물론 머리로 알아차렸다고 해서 40년이 넘은 마음의 습관이 순식간에 사라지는 일 따위는 일어나지 않을 것이다.

하지만 이제는 더 이상 '도대체 언제까지 우는 소리를 할 거냐? 이제 그만 할 때도 되지 않았냐'고 스스로를 다그치지 않는다. 그 우는 소리를 듣는 시간도 나를 위해 준비된 삶의 일부임을 받아들일 수 있었기 때문이다. '치유'란 상처를 없었던 것으로 되돌리는 것이 아니라 상처마저도 소중한 나의 일부임을 받아들이는 과정이다. 생이 끝나는 순간까지 호흡을 멈출 수 없듯, 치유의 여정도 삶의 마지막 그 순간까지 계속될 것이다.

그래서 오늘도 기쁜 마음으로 글을 쓰고, 매트를 깔고, 설거지를 한다. 내게 수련은 그림자는 싹 걷어내고 빛만을 취하고 싶어 하는 내 안의 아이를 돌보는 시간이다. 밤 없이 낮만, 내리막 없이 오르막만, 날숨 없이 들숨만 끊임없이 계속되기를 기대하는 아이에게 그 갈망의 비현실성과 어리석음을 말이 아닌 감각으로 깨우치도록 돕는 시간이다.

또 다른 나, 파랑의 <아이를 기다리는 시간>

이번 주 미션은 '내 인생이 서러운 이유 100가지' 적어보기였다. 내 마음의 대청소를 위해 만들어진 시간! 내 안에서 썩어 문드러진 감정들을 토해내는 시간. 내면치유를 하면서 몇몇 사건들은 수면 위로 떠올랐고 그 감정을 몸으로 풀어내는 작업들을 몇 번 해왔던 터라 상처를 들여다보는 일이 낯설지는 않았다. 그런데 100가지씩이나? 100가지씩이나 있으려나? 뭐 있기야 있겠지만 그걸 다 기억해낼 수 있으려나 싶었는데 막상 시작해보니 억눌려있던 내 감정들이 주르륵 쏟아져 나올 때가 많았다.

우리는 늘 괜찮은 존재처럼 보이고 싶은 열망을 가지고 있다. 수치스러운 모습은 들키고 싶지 않은, 나조차 그런 내 모습은 보고 싶지도 인정하고 싶지도 않았다. 절망은 경험하고 싶지 않았으니까. 늘 희망찬 내일을 꿈꾸며 달려나가고만 싶었으니까.

그런데 이번 과제를 하면서 내 서러운 감정들에 접속하게 되었다. 내 안에 켜켜이 쌓여있던 분노, 억울함, 수치심, 모멸감, 슬픔 등. 절망에 정면으로 접속했을 때 내가 원하는 활력과 주도권 되찾을 수 있다. 지금 현재의 내 모습을 완전히 받아들였을 때 원래 내 안에 있던 것이 깨어난다. 선생님 말씀처럼 퀴퀴한 냄새가 나는 배수구를 마주하는 듯한 기분이었다.

언젠가 모닝페이지를 쓰다가 수치스러운 내 모습을 마주하며 극도의 괴로움을 만난 적이 있다. 스스로 맹비난을 쏟아부으며 나는 통곡했다. 서러움에 복받쳐 그렇게 한참 눈물을 쏟았던 그 날, 놀라운 사실을 알게 되었다. 그 거지 같은 나를 마주하게 되면 죽을 것 같았지만, 죽지 않았다는 사실! 아니 오히려 홀가분해지고 자유로워지는 기분이었다. 다시 살아

나는 느낌이랄까?!

　누구에게도 들키고 싶지 않아 억눌러놓기 바빴던 내 서러움들을 이번에 나는 기꺼이 마주했다. 그리고는 깨달았다. 내 안에 이런 것들이 있었구나. 그래서 때때로 이와 비슷한 일들을 만날 때마다 그토록 두렵고 무섭고 괴로웠었구나.

　성장은 경계를 넓혀가는 것이다. 내가 다룰 수 있는 것들이 점점 늘어나는 것! 내 안에 있는 것을 다룰 수 있어야 밖에 있는 것을 다룰 수 있다. 내 안에 다뤄야 할 것이 이렇게 많다는 걸 알고 있는 것은 굉장히 큰 도움이 된다. 내가 이런 것들을 다 갖고 있음에도 불구하고 기쁠 수 있는 존재라는 걸 알게 되면 더 이상 조급하지 않다. 아난다 선생님의 말씀을 들으니 하나씩 하나씩 다루어나갈 용기가 생겼다. 내 안의 것들을 볼 수 있는 용기가 있다는 건 그것들을 풀어나갈 용기도 있음을 말해주는 것이리라. '나는 내 삶의 좋은 것과 나쁜 것을 모두 받아들입니다.' 좋은 것만 받아들이려 했던 나의 경계가 이렇게 더 넓어져가고 있구나.

　줌 미팅 때 자신이 적었던 서러움 리스트를 보며 내 안의 가장 서러운 그녀에게 편지를 써보라는 미션이 있었다. 그때 썼던 편지를 읽으며 나를 따뜻하게 안아주는 시간을 가져 본다.

　또 다른 나, 소나의 <아이를 기다리는 시간>

　이번 주는 육체적, 정신적으로 많이 힘든 주였다. 여행의 후유증인지 내 인생의 서러움 100가지를 쓰다가 서러움이 몰려와 내 몸 여기저기를 헤집어 놓아서인지 모르겠으나 아무것도 하고 싶지 않고 자꾸만 가라앉고 싶었다. (나는 사실 의욕이 넘쳐서 자꾸 이것저것 하고 싶은 편인데, 지난 주는 거의 의욕 상실 주였는데도 애들 밥 안 굶기고 모닝페이지도 이틀밖에 거르지 않은 나를 칭찬해 주고 싶다)

그나마 어제 내 공간을 정리하고 아이들 옷을 정리하며 몸과 마음을 환기시킨 것이 몸과 마음을 추스르는데 도움이 되었다. 지난주에는 내 인생이 서러운 100가지에 대해 쓰는 것이 과제였다. 화를 꺼내어 놓는 작업보다 힘들었고 서러움을 꺼낼 때마다 그 서러움에 딸린 다른 서러움이 몰려와 나를 서럽게 하기도 했다.

나는 그 작업을 해서 몸이 무기력하다고 생각하지 않았는데 여행 후유증이 이렇게 오래갈 리 없다고 생각하니 원인은 그 작업에 있다는 결론이 나왔다. 아무리 피곤해도 하루 이틀이면 정신을 차리곤 했던 내 몸과 마음이 거의 일주일째 정신을 차리지 못하고 있었다. 나는 내 서러움을 꺼내는 작업을 할 때도 무의식적으로 내 감정을 억압했던 것이다. 그게 뭐가 서러울 일이냐고 나를 다그쳤던 것이다.

평생 내 몸과 마음을 긴장과 불안으로 휘감고 살았던 나는 이 작업을 하면서도 흔들리지 않으려고 긴장하고 감정을 억압했다. 물론 작업을 할 때는 알지 못했다. 아난다 선생님과 3주차 미팅을 하며 나는 내 불안과 긴장, 억압의 뿌리로 천천히 접근하고 나서야 알아차릴 수 있었다.

아무리 풀려고 해도 풀리지 않는 긴장이, 내 욕구와 무관한 타인의 인정이 내 생존방법이었다는 것을. 깊은 공감, 신뢰, 안전감 속에서 나는 그제야 내 감정을 바라볼 수 있었다. 내가 덮어놓기 급급했던 감정들이 줄줄 흘러나왔다.

'나는 비위가 약하다. 나는 감정에 취약한 사람이다. 나는 내 삶에 좋은 것과 나쁜 것을 받아들인다.'라고 인정하고 나자 내가 내 감정을 표현하지 못해 답답하던 마음이, 꽉 막힌 하수구 구멍 같았던 마음이 그제야 큰 찌꺼기들이 제거되고 물이 내려갈 틈이 생긴듯 했다. 이제 남아 있는 찌꺼기들을 걷어내고 청소할 차례다.

이완은 긴장을 이고 지고 산 세월만큼 아주 천천히 된다는 것을 인정하고 받아들인다. 조급한 마음은 결국 나를 더 큰 긴장과 불안으로 밀어 넣어 같은 자리를 끊임없이 맴돌게 할 것이다. 타인의 인정과 기대에 사는 삶을 대처하기 위해 나에게는 자기 동력이 필요하다.

고통과 시련은 계속된다. 이 고통이 끝나면 새로운 고통이 시작된다. 그것이 인생이다. 그러나 우리는 그 고통과 시련 속에서도 소소한 기쁨의 행복을 찾아 누릴 수 있는 감각을 가지고 있다. 그 감각이 살아있는, 아니 그 감각이 뛰어난 나는 운이 좋다. 행운아다. 이래서 나는 우리 동네에서 가장 행복하다. 그것을 꾸준히 찾아가면서, 나 스스로 내 삶에 기쁨을 배치해 나가면서 그 시간을 버티는 거다. 자기 동력을 충분히 만들 수 있을 때까지.

3주차 미팅을 통해 나는 나의 긴장, 나 스스로의 감정 억압, 타인의 인정에 기대어 살았던 나와 마주했다. 선생님이 말씀하신 것처럼 필연적으로 대면해야 할 과정이었다. 스스로 정리를 하고 보니 내가 앞으로 어떻게 해야 할지 더 명확해지는 것 같다.

지금 나의 자리에서 내가 하는 일에 정성을 들이는 것. 그것이 전부다. 숨을 크게 내쉬어 본다. 자연스럽게 어깨와 미간의 긴장이 풀어졌다. 입꼬리를 살짝 올려 미소 짓는다. 오늘 나는 충분하다.

제4주 가지 않은 길을 걸어보다

♥ 내 인생의 갈림길 3 _ 아빠의 결혼생활

1. 아빠는 왜 그런 선택을 했을까?

아내가 배움이 부족하다는 것을 모르고 결혼하지 않았다. 그것이 결혼 생활에 크게 문제가 될 거라고 생각했다면 그녀를 선택하지는 않았을 것이다. 물론 장인이 약속한 돈이 있었더라면 조금은 더 갖춰진 상태에서 신혼살림을 시작할 수 있겠다는 계산은 있었다. 하지만 이제 와 어쩌겠는가? 처가의 형편으로 보아 약속한 돈을 받기는 어려울 듯 하다. 어쩌면 처음부터 줄 수 없는 돈이었는지도 모른다. 내가 마음에 든 장인은 어떻게든 딸과 나를 맺어줘야겠다는 욕심에 지킬 수도, 아니 지킬 생각도 없는 약속을 했는지도 모른다. 야속한 것은 사실이다. 하지만 결혼을 결정한 것이 오직 장인의 그 약속 때문이었냐고 묻는다면 그건 좀 다른 문제인 것 같다.

후회했던 것이 사실이다. 그녀와의 결혼생활은 순탄치 않았다. 부유한 집에서 잘 교육받아 현명하고 지혜로운 듯 보이는 동료들의 아내를 보면 부러워서 미칠 것만 같았다. 나도 얼마든지 저런 여인들과 결혼할 수 있었는데, 장인의 꼬임에 빠져 돌이킬 수 없는 실수를 했다고 생각하면 억울해서 견딜 수가 없다.

기왕 시작한 군생활이니 보란 듯이 한 자리 차지하고 싶은 야망을 함께 나눌 그런 여자를 원했는데 아무리 봐도 아내에게 그런 내조를 기대하기는 어려울 듯하다. 아쉬움은 자꾸만 분노가 된다. 워낙에 다혈질인 기질에 이런 마음이 더해지니 아내를 대하는 나의 태도가 곱지 않다. 아내에게 화를 내봐야 소용없는 일이라는 걸 모르지 않는다. 그런데 언제부턴가 도무지 이야기가 통하지 않는 그녀를 보기만 해도 짜증이 치밀어 오른다.

그러나 후회한들 무슨 소용이 있으랴. 장군을 바라보는 내게 '이혼'은 있을 수 없는 선택이다. 그러니 어쩌리. 내 선택의 책임을 있는 힘껏 감당하는 수 밖에. 아내에게 무리한 요구는 하지 않는다. 그저 아내가 어릴 때부터 익숙하게 해 왔다는 집안일 정도만 어떻게든 소화해주면 그걸로 족하다. 나머지는 다 내가 알아서 한다. 대신 집안일만은 철저히 해주어야 한다. 그리고 본인이 해내는 역할만큼 합당한 대우를 할 것이다. 더 이상을 내게 요구해선 안 된다.

2. 그때로 돌아간다면 아빠는 어떤 선택을 할까?

아이들이 엄마를 존중할 수 있도록 가르치며 그 모범을 보이려고 애썼을 것 같다.

"엄마가 많이 못 배운 것은 엄마 잘못이 아니다. 그러니 그 이유로 엄마를 무시하거나 해서는 안 된다. 엄마가 실수하더라도 부끄러워하지 마

라. 사람은 누구나 실수하면서 살아간다. 더 많이 배운 사람들이라고 다르지 않다. 엄마에겐 우리가 있지 않느냐? 부족한 것이 있으면 서로 채워주고 살면 되는 것이다. 그래서 가족이 있는 것이다. 제 힘으로는 가만히 누워있지도 못하는 너희가 저절로 이리 큰 줄 아느냐? 엄마의 정성 어린 보살핌이 아니었더라도 너희가 이리 잘 자랄 수 있었다고 생각하느냐? 우리가 정말로 부끄러워해야 하는 것은 엄마의 그 헌신을 당연하다고 여기고 고마워 할 줄 몰랐던 것이다. 엄마가 어려운 상황 속에서도 무던하게 자리를 지켜온 덕에 지금의 너희가 있지 않으냐? 그러니 이제는 너희가 엄마를 지켜주어야 할 차례가 아니냐?

안다. 이제와 별안간 뭘 어떻게 하면 되는지 막막하겠지. 아빠도 그렇다. 너희를 탓하고 싶은 생각도 없다. 너희야 나에게 배운 대로 할 뿐일 테니까. 하지만 다행히 더 늦지 않게 엄마가 얼마나 소중한 사람인지 알아차렸으니 그걸 표현하고 살아보려고 한다. 너희들도 아빠랑 함께 노력해주었으면 좋겠다."

3. 만약 다른 선택을 한다면 그 이유는?

장인어른을 비롯한 처가 식구들, 그리고 그녀가 낳은 자식들을 봐도 그녀에게 배움을 소화할 머리가 없을 리가 없다. 그때는 어쩌면 유독 내 아내만 이리도 답답할까 속상해하며 에너지를 쏟아봐야 소용없는 사람이라고 단정지었지만 돌이켜보니 아내를 답답한 사람으로 만들었던 것은 다름 아닌 나 자신이었던 것 같다. 내 기대에 미치지 못하는 아내를 무턱대고 몰아붙이기보다 그녀가 원하는 방식으로 보살펴 주었더라면 얼마나 좋았을까? 그녀가 그리 원하던 나의 사랑과 존중을 아낌없이 줄 수 있었더라면 얼마나 좋았을까?

동생들을, 그리고 아이들을 더 가르치려고, 더 잘 돌보려고 애쓰던 것도 어떻게든 집안을 일으켜 보려는 꿈 때문이었는데, 왜 그 꿈을 이루기 위해서라도 아내를 가장 먼저 돌보아야 한다는 것을 알아차리지 못했을까? 그렇다고 그녀에게 뭔가 엄청난 성과를 기대하는 것도 아니다. 사랑하는 이들에게 편안하게 받아들여지는 그 충만함이야말로 내가 온 집안사람들에게 선물하고 싶었던 더 나은 삶의 핵심이라는 것을 깨달았기 때문이다.

그때는 기왕 이렇게 되었으니 아내만 희생해주면 모두에게 다 이로운 거라고 믿었는데, 엄마의 아픈 희생을 기반으로 자기 삶을 구축한 딸아이가 바로 그 때문에 힘들어하는 것을 보니 더더욱 잘못했다는 생각이 든다. 조금 더 더디더라도, 조금 더 적게 이루더라도 아내를 힘껏 품어주었어야 했는데 하는 후회가 밀려온다.

4. 다른 선택을 했더라면 지금 내 삶은 어떻게 달라져 있을까?

(나) 아무리 생각해봐도 크게 달라지지 않았을 것 같다. 지금 느끼고 있는 종류의 결핍은 아니었을지 모르나 또 다른 선택이 만들어 낸 결핍을 감당하며 살고 있을 것 같다. 그러나 그 결핍이 어떤 종류가 되었든 삶이 내게 내준 문제를 풀기 위해 최선을 다하고 있으리라는 점에서 지금과 크게 다를 것 없을 것이다.

수없이 되풀이해보았던 시뮬레이션이었다. 물론 결론은 늘 의미 없음. 아무리 생각해봐도 당시 아빠로서는 본인이 할 수 있는 최선을 다하셨던 것 같다. 모르긴 해도 아빠도 이런 생각을 하지 않으셨을 리가 없다. 하지만 다른 선택을 하기엔 눈앞의 문제가 너무 위중하고 다급했을 거다. 당장 가족들의 생계가 걸린 문제였으니까. 게다가 본인의 전 생애와 딸인 나의 43년까지를 더한 경험치를 갖고서야 얻은 깨달음을 당시의 아빠에게 요구하는 것은 너무나 가혹하지 않은가?

알면서도 굳이 아빠의 삶을 리와인드시켜본 것은 이쯤에서 한 번 더 확인하고 싶었는지도 모른다. 다 흘려보냈다고 하면서도 여전히 가슴 한구석에 남아있던 아빠에 대한 깊은 원망을 이제는 정말로 놓아줄 때가 되었다는 자각 때문이었는지도 모른다. 아빠가 가족들에게 경제적인 안정감을 제공하고 싶다는 미션을 훌륭하게 클리어 해내신 덕분에 내게 또 다른 가능성을 꿈꿀 수 있는 기회가 주어졌음을 받아들이려고 한다. 부모님의 헌신 덕분에 그들의 삶에서 내게 필요한 깨달음을 얻을 기회를 얻을 수 있었음을 받아들이고 다시 한번 깊이 감사하는 시간을 가져야겠다.

♥ 내 인생의 갈림길 2 _ 2010년 휴직

1. 나는 왜 그런 선택을 했을까?

직장과 집을 오가는 시간으로 내 삶을 채우고 싶지 않았다. 어느 한 쪽에도 충실하지 못한 두 현장을 오가며 그럭저럭 버티는 시간들이 고통스러웠다. 그 고통을 잊기 위해 책을 읽기 시작했다. 읽다 보니 쓰고 있는 나를 발견했고 그 시간들이 너무나 달콤했다. 쓰다 보니 내 안에 살고 싶은 삶에 대한 그림을 이미 품고 있다는 것을 알게 되었다. 소중한 이들과 흠뻑 사랑을 나누는 현장에 대한 이야기를 전하는 사람이 되고 싶어진 거다. 하지만 내게 그럴만한 재능이 있는지에 대한 확신이 없었다. 글쓰기를 제대로 배워본 적도 없고 글쓰기로 그 흔한 상 한번 받은 기억이 없었으니까.(한참 나중에 어린 시절의 기록을 정리하다가 글짓기 상장들로 채워진 시기가 있었음을 알게 되었다. 그러니까 글에 대한 그리움을 가졌던 것은 그저 우연만은 아니었는지도 모른다.) 그래서 확신이 설 때까지는 회사를 다니면서 작가 수업을 해보자고 나를 달래고 있던 참이었다. 여기저기 도움이 될 만한 곳을 기웃거려 봤지만 딱히 마음을 끄는 곳이 없기도 했다.

그러다 구본형변화경영연구소를 만났다. 둘째 아이를 낳고 출산휴가중인 때였던 걸로 기억한다. 내가 꿈꾸는 삶을 이미 살고있는 것처럼 보이는 사람들의 블로그를 돌아보다 〈익숙한 것과의 결별〉이라는 책을 알게 되었고, 이후 저자의 책을 하나 둘 읽어가며 그의 홈페이지에 이르게 되었다. 6개월간 꼼꼼히 살펴보며 여기라면 새로운 삶을 위한 실험을 해 볼 만 하다고 판단했다. 그리고 그가 진행하는 단기 '자아 탐색' 프로그램에 지원했다. 물론 그때까지만 해도 휴직씩이나 할 생각은 전혀 없었다. 승진도 임박한데다 이제 둘째 아이가 6개월밖에 안 된 상황에서 새로운 모험을 시작하는 것은 누가 봐도 무리였으니까.

그러나 그건 어디까지나 머리의 판단이었다. 그곳에 다녀온 이후 가슴이 제멋대로 뛰기 시작했다. 승진시험이 임박했지만 공부가 될 리가 없었다. 1년간의 자기혁명 과정이라는 연구원 과정의 지원서를 쓸 생각을 했던 것은 어떻게든 흥분을 가라앉혀 보려는 계산에서였다. 물론 계획은 보기 좋게 실패하였다. 나를 찾아가는 질문에 하나하나 대답해가다 보니 더 이상 망설여서는 안 되는 이유가 더 분명해졌다. 이런 간절함이 전해졌는지 연구원 선발에 합격통보를 받았다. 작가가 될 수 있는지는 모르겠지만 적어도 그 가능성을 검증해 볼 기회를 얻은 것이다. 운이 좋았던 덕에 승진시험에도 함께 합격했지만 이미 나의 선택은 분명했다.

2. 그때로 돌아간다면 나는 어떤 선택을 할까?
물론 같은 선택을 할 것이다. 그때의 선택에는 나의 의지를 넘어서는 그 무엇이 작용하고 있었으니까.

3. 만약 다른 선택을 한다면 그 이유는?
만약 다른 선택을 한다면 그건 새로운 삶에 대한 두려움 때문일 것이다. 직장과 가정을 오가는 삶도 시간이 지나면 익숙해 질텐데 허황된 꿈을 꾸다가 이미 손에 쥔 기득권마저 놓치는 어리석음을 범하고 싶지 않았기 때문일 것이다.

4. 다른 선택을 했더라면 지금 내 삶은 어떻게 달라져 있을까?

회사에 남아있는 동료들과 비슷한 삶을 살고 있을 것이다. 적당히 포기하고, 적당히 타협해가면서. 아이들도 시댁과 친정의 도움으로 그럭저럭 잘 지내고 있을 것 같다. 안정된 현실에 대한 안도감으로 한때 나를 뜨겁게 달구던 꿈은 저편으로 밀어낸 채 현실 속에서 조금이라도 더 유리한 위치를 차지하기 위해 온 힘을 다하고 있을 거다. 아니 그리 믿고 싶어 할 것이다.

가끔 힘든 일이 있을 때마다 그때 내가 더 용기 있었더라면 내 삶은 얼마나 달라져 있을까를 떠올리며 조금은 아쉬워할 것도 같다. 함께 연구원이 되었던 동료들이 하나하나 꿈을 이뤄가는 모습을 보면 밀려오는 부러움에 며칠 정도는 잠 못 이루는 밤을 보낼지도 모른다. 그러나 마흔이 훌쩍 넘은 지금에 와서 다른 일을 시작할 엄두는 내지 못 할 것이다. 그들은 처음부터 나와는 다른 종류의 사람들이었다고 스스로를 위로하면서.

♥ 내 인생의 갈림길 1_ 4년 휴직 후 복직

1. 나는 왜 그런 선택을 했을까?

1년을 기약하고 시작했던 육아휴직은 어느새 4년을 꽉 채우고 있었다. 1년을 마쳤을 때 바로 복직하지 않았던 것은 너무나 궁금했기 때문이었다. 스승과 함께 읽고 쓰던 그 시간들 속에서 도대체 무슨 일이 일어났길래 고통으로 정신을 차릴 수 없던 내가 매 순간을 축복이라 여기게 된 걸까? 무거운 의무처럼만 느껴지던 엄마 역할을 즐길 수 있게 된 걸까?

작가로 살 수 있는지 스스로를 검증해보겠다는 애초의 기대와는 전혀 다른 수혜였지만 오히려 만족감은 더 컸다. 다만 하나 걸리는 것은 혹시라도 복직해 다시 전과 같은 상황이 된다면 그땐 어떻게 하면 좋지? 하는 걱정이었다. 1년간의 세심한 관찰을 통해 스스로 기복이 심한 기질이라는 것을 알게 되었기 때문에 더 절실했는지도 모른다. 아무리 효능이 분명하다고는 하나 그럴 때마다 휴직을 하고 1년씩을 투자할 수는 없는 노릇이었으니까.

언제든 흔들리는 나를 제자리로 데려다 놓을 수 있는 처방전을 만들어 놓아야겠다는 생각이 들었다. 그렇게 내가 던진 질문에 대답하며 2년을 더 보내던 즈음 이 정도면 쓸만하다 싶은 자기변형의 가이드맵을 갖게 되었다. 그리고 '이젠 미련없이 돌아가도 좋겠구나' 싶었다. 가르침의 대가로 세상을 더 아름답게 할 수 있는 책 한 권을 만들어 내야 한다는 약속은 까맣게 잊은 지 오래였다.

바로 그때 스승의 투병 소식을 접했다. 정신이 번쩍 들었다. 스승의 병이 세상을 더 좋은 곳으로 만들라고 애지중지 키워냈더니 자기 문제가 해결되었다고 약속은 나 몰라라 도망칠 궁리만 하고 있는 제자에게 내리는 죽비처럼 느껴졌다. 그래서 어떻게든 연구한 성과를 나와 비슷한 고민으로 힘들어하는 엄마들과 공유해 볼 결심을 하게 되었다. 굳이 병상에 누위계신 스승에게 프로그램 설명회 포스터를 보여드렸던 것은 그렇게 제자가 정신차렸다는 것을 보여드리면 스승도 툴툴 털고 일어나 다시 함께 배우고 사랑하는 삶을 이어갈 수 있으리라고 믿었기, 아니 믿고 싶었기 때문이었다.

나의 순진한 믿음에도 불구하고 스승은 우리 곁으로 다시 돌아오지 못하셨다. 아버지처럼 의지하던 스승을 잃은 슬픔은 쉬이 치유되지 않았다. 모든 것이 다 허망하게만 느껴졌다. 하지만 약속은 꼭 지키고 싶었다. 그렇게 또 1년을 낯선 엄마들과 함께 보냈다. 그녀들과 함께 울고 웃으며 내가 만든 지도가 나 혼자만을 위한 것이 아님을 확인할 수 있었지만 딱 거기까지였다. 가슴벅찬 시간들이었지만 꿈꾸었던 것처럼 그녀들의 엄마 역할을 하기엔 내가 너무 작은 존재라는 것을 뼈저리게 깨닫는 시간이기도 했다. 스승의 유고집을 엮는 작업을 하면서도 마찬가지였다. 출간을 위해 책으로 묶여 나온 글은 물론 각종 매체나 홈페이지, 그리고 지인들에게 보냈던 편지들까지 스승이 남긴 흔적들을 접하며, 그리고 그 기록들을 엮어내며 이건 도저히 내가 감당할 수 있는 길이 아니라는 생각이 점점 짙어져갔다. 그 길을 따라갈 마음을 먹는다면 언젠가 나아지리라는 기약도 없는 힘든 시련의 과정을 견뎌낼 각오부터 해야 한다는 것을 알게 되었던 거다.

부쩍 버리고 온 것들이 그리워졌다. 그래도 그곳에는 꼬박꼬박 나오는 월급이라도 있었는데... '고작 월급 때문에'라고 했지만 그마저도 보장되지 않는 노동들도 얼마든지 있다는 것을 알고 나자 그 시절의 투정들이 사치스럽게만 느껴졌다. '의미'를 찾을 수 없는 삶이 고통스럽다고 했지만, 오직 '의미'만으로 이루어진 삶 역시 버겁기는 마찬가지라는 것을 알게 된 것이다. 생각이 여기에 이르니 회사란 조직이 그리 끔찍한 곳만도 아닌 것 같았다. 같은 우선순위를 가진 사람들이 공동의 목표를 위해 일사분란

하게 움직여 반드시 성과를 내고야 마는 공간. 나쁠 것 없지 않은가?

이런 생각을 하고 있던 차에 내가 자리를 비운 사이 부서장으로 승진하신 상사의 전화가 걸려왔다. 언제 들어올 거냐고 물으셨다. 그분이 이끄는 조직이라면 승부를 걸어볼 만하다는 판단이 들었다. 그럼에도 불구하고 선뜻 들어가겠다고 대답하지 못한 것은 둘째 아이의 수술 일정 때문이었다. 그런데 거짓말처럼 그날 오후 수술 일정을 당길 수 있게 되었다고 병원에서 전화가 왔고 수술을 무사히 마칠 수 있었다. 더 망설일 이유가 없었다. 회복기를 보내고 더 이상 걱정하지 않아도 좋을 것 같다는 의사의 진단을 받고 돌아오는 길에 남편에게 전화를 했다. 이제 복직해도 될 것 같다고. 언제나처럼 남편은 그러라고 했고 그렇게 사무실 근처만 지나가도 울렁거리는 속을 어쩔 줄 몰라하던 나는 4년 만에 내 발로 다시 일터로 돌아갔다. 어쩌면 일터를 떠나 경험했던 그 모든 것들이 다시 그곳으로 돌아가기 위한 준비였을지도 모른다고, 이제 충분히 준비되었으니 돌아가 마음껏 뜻을 펼쳐보자고 스스로를 격려하면서.

2. 그때로 돌아간다면 나는 어떤 선택을 할까?
역시 같은 선택을 했을 것 같다.

3. 만약 다른 선택을 한다면 그 이유는?
'이렇게 얼렁뚱땅 해치우려고 도망치려고 해서는 안 된다. 이제 고지가 눈 앞인데…나의, 나에 의한, 나를 위한 책 한 권 쓰지 못하고 포기할 수 없다'는 마음이 이겼기 때문일 거다. 게다가 떠나온 지도 벌써 4년. 대학에 입학했어도 졸업했을 만큼 긴 시간인데 그 공백을 견뎌내기가 만만치 않으리라는 것을 예상했기 때문일 거다. 떠나온 데는 다 이유가 있었을 텐데 시간이 흘렀다고 크게 달라지지 않으리라는 것도. 어차피 양쪽 다 힘든 건 마찬가지라면 그래도 살아보고 싶은 그 삶으로 향하는 길을 선택해야 하지 않겠냐는 설득에 더 마음이 기울었기 때문일 거다.

4. 다른 선택을 했더라면 지금 내 삶은 어떻게 달라져 있을까?

유고집을 만들면서 단련된 감으로 연내 출간에 성공, 지금쯤 1인기업 4년차를 맞고 있을 듯하다. 아직 아이들에게 손이 많이 갈 터이니 활발한 활동은 어려울지도 모르지만 그래도 그사이에 책도 한 권쯤은 더 냈을 테고 지금도 뭔가 열심히 쓰고 있을 가능성이 많다. 책을 기반으로 프로그램도 계속 진행하고 가끔 외부강의를 나가기도 할 것 같다.

그러나 경제적으로는 아직 고전을 면치 못하고 있을 듯. 특히 쥐꼬리만큼씩 들어오는 인세와 역시 별 의미 없는 금액인 강의료 말고는 입금되는 금액이 없는 통장을 볼 때마다 회사에서 받던 월급만큼 벌려면 대체 얼마나 일을 해야 한단 말이냐 하면서 그때 그리 섣불리 퇴직을 하는 게 아니었는데 하는 후회로 밤잠을 설치기도 할 것 같다. 게다가 2016년 1월 이후 퇴직자에 한해 10년 이상만 재직해도 연금을 받을 수 있게 법이 개정되었다는 소식을 들은 이후부터는 2년도 안 되는 시간을 못 참고 뛰쳐나와 부어놓은 연금을 고스란히 날린 스스로의 경솔함을 무한 원망하느라 엄청 우울해 하고 있을지도 모른다.

복직해서 힘든 시간을 보내본 지금이야 '그러면 좀 어때? 그래도 하고 싶은 일 하고 살았으면 되지.' 하면서 쿨하게 넘길 수 있지만 그 시간을 보내보지 않은 나는 여전히 가능성으로 남아있던 또 하나의 공간을 그리 허망하게 포기해버린 스스로를 엄청 구박하고 있지 않을까?

다시 살 수 있다면 지금보다 더 나은 삶을 살 수 있었을까? 어디쯤으로 돌아가야 이 통증을 피해갈 수 있을까? '내 인생의 갈림길 베스트 3'이라는 주제가 새삼 반갑게 느껴졌습니다. 3가지만 해보자고 했지만, 그걸로 만족할 수가 없었습니다. 마음이 흡족해질 때까지 할 수 있는 모든 실수를 복구해보고 싶었습니다. 그러나 어디로 돌아가도, 아무리 들여다봐도 드라마틱한 역전의 드라마 따위는 만들어지지 않았습니다.

그렇게 일주일을 보낸 지금, 지난주의 설렘은 흔적도 없이 사라졌습니다. 누가 뭐래도 지금의 나는 주어진 환경에서, 내가 가진 자원으로 만들 수 있는 최선의 작품이었음을 인정할 수 밖에 없었기 때문입니다.

아쉬움이 없다는 의미가 아닙니다. 스케이트를 신어본 적도 없는 제가 트리플 점프를 뛰지 못 한 것은 후회의 대상일 수 없다는 것을 자각했다는 뜻입니다. 스케이트를 처음 본 지 수 십 년이 지난 지금에도 여전히 트리플 점프를 소화하지 못하는 현실이 좌절스럽다면 생각해 봐야 합니다. 왜 그때 스케이트를 신고 빙판으로 들어가지 않았는지, 빙판으로 들어가는 것까지는 했더라도 왜 그 순간이 올 때까지 넘어지고 넘어지기를 버텨내지 않았는지, 혹은 그럴 수 없었는지.

김은숙 작가가 『도깨비』를, 신카이 마코토 감독이 『너의 이름은』을 만들고, 더불어 민주당의 이재정 의원이 시원하게 사회정의를 외치고, 강부영 판사가 대통령을 구속시킬 결단을 준비한 나이 마흔셋. 충분히 무르익기에 부족함이 없는 나이에 이렇다 할 사회적 존재감도 없는 그냥 아줌마에 불과한 스스로가 서럽다고 했습니다. 엄마로서도 당황스럽기는 마찬가지였습니다. 이제 와서 어디서부터 어떻게 시작하면 좋을지 막막하기만 하다고 했습니다. 작정을 하고 있는 힘껏 후회하는 일주일을 갖지 못했다면, 그렇게 지금 내가 어디선가 실수한 대가를 치르고 있는 것이 아님을

받아들일 기회를 얻지 못했다면 좀처럼 빠져나오기 힘든 좌절감이었을지
도 모릅니다.

오즈의 마법사가 전환기에 있는
개인의 여정을 따라가는 이야기라고 한다면,
'성장과 발전은 언제나 옛 것을 파괴하고 새롭게 시작하거나
오래된 발전의 단계를 버리고 새롭게 시작하는 것'이라고
말하는 것과 같다.
도로시는 걸어왔던 길을 외면함으로써 지혜를 얻게 되었다.
도로시는 전혀 의도하지 않은 상태에서
의지와는 상관없이
중간지대의 가능성이 풍부한 불모지로 뛰어들게 되었다.
그곳에서 도로시는 발전을 위해
다음 단계에서 필요한 것이 무엇인지 알게 된다.

윌리엄 브리지스의 『How to live』 중에서

점점 더 흥미진진해집니다. 엄마로서도, 인간으로서도 중대한 전환의
시기를 맞고 있는 저에게 앞으로 어떤 일들이 펼쳐질까요? 어떤 성장의
기회가 기다리고 있는 걸까요?

4년 전 나와의 만남

언젠가부터였을까? 내게 '후회'는 끔찍이도 싫어했던 '약한 모습'의 대표선수였다. 삶의 목표를 '후회 없는 삶'이라고 말할 정도였으니 말 다 했다. 하지만 '후회'란 정말 그렇게 필사적으로 피해 다녀야 할 행위였을까?

후회(後悔) : 이전의 잘못을 깨치고 뉘우침.

- 네이버 국어사전 -

어느 날 우연히 국어사전에서 후회의 의미를 찾아보게 되었다. '이전의 잘못을 깨치고 뉘우침'이라니 이걸 안 하고 사는 사람도 있나? 나는 도대체 왜 이렇게 '후회'를 절대로 해서는 안 될 무언가라고 믿고 있었던 거지? 하는 의문이 생겼다. 그러다 알게 되었다. ''후회'를 하려면 기본적으로 자신의 '잘못'을 인정하는 행위가 선행되어야 한다는 것을. 그제서야 고개가 끄덕여졌다.

당시의 나에게 '잘못'을 인정한다는 것은 스스로 실패자임을 인정한다는 것과 정확히 같은 의미였다. 한번 그러고 나면 주인이 불분명한 '잘못'의 책임들이 다 내게로 쏟아져 내릴 것만 같았다. 그러니 어찌 필사적으로 저항하지 않을 수 있겠는가? 행위의 '실패'는 곧 '존재가치'의 절하라고 믿고 있던 내가 어찌.

하지만 책임지는 것이 두려워 살피지 않은 사건들이 쌓여가면서 삶이 점점 무거워지기 시작했다. 분명히 뭔가 문제가 있는 게 분명한데 어디서부터 어떻게 손을 대야 할지 감도 못 잡겠는 거다. 실패자의 낙인이 두려워 삶을 온전히 살아내는 것을 거부하는 명백한 '실패' 속으로 스스로 걸어 들어가고 있음을 받아들일 수밖에 없었다.

그제서야 처박아 두었던 후회의 목록들을 하나하나 살필 용기가 났다.

그렇게 차근차근 나의 지난 선택들을 복기해보고 나서야 늘 뿌옇고 막막하기만 하던 시야가 조금씩 열리기 시작했다. 그렇다고 별안간 홍해가 갈라지듯 시원하게 길이 열렸다는 건 아니다. 하지만 적어도 다음 한 걸음을 어디로 옮겨야 하는지 정도는 분간할 수 있게 되었다. '후회'의 선물이었다.

4년 전에도 마찬가지였다. 퇴직하고 앞길이 막막하던 나는 다시 한번 작정하고 후회를 해보기로 했다. 그리고 4년이 지난 지금, 또 한번 '후회'에게서 받은 귀한 선물에 감사한다. '덕분에 힘을 내 한 걸음을 뗄 수 있었구나. 그런 한 걸음 한 걸음이 모여 지금의 여기의 나를 만날 수 있게 되었던 거구나.' 만감이 교차한다.

또 다른 나, 소나의 <아이를 기다리는 시간>

4주차 과제는 내 인생에서 후회되는 3가지 일을 고르고 그때 그 선택이 아닌 다른 선택을 한다면 어떻게 되었을지 내가 가지 않은 길에 대해 상상해 보는 작업이었다. 나는 이번 주 과제를 하며 그 과제를 즐기고 있는 나를 발견했는데, 내가 다른 선택을 했으면 나에게 일어날 일들을 상상하고, 쓰며 즐거운 느낌을 넘어서 가슴이 벅차올랐다.

1년 전 만 해도 나는 직장과 가정을 오가며 삶에 찌들고 지친 워킹맘이었다. 겉으로 보면 행복해 보이고, 나 스스로도 열심히 사는 것 같은데 나는 늘 마음 한구석이 허전했고, 그 허전함을 채우기 위해 여기저기 기웃거렸다. 그 기웃거림의 끝에서 거의 지쳐 나가떨어질 때 즈음 만난 것이 〈공간살림〉과 〈느린 독서회〉였다.

〈공간살림〉을 통해 나는 매일 비울 것을 세 가지 선택하고, 또 일상의 기쁨을 찾았다. 아주 작은 선택이고 아주 작은 발견이었다. 그러나 그 작은 선택들의 매일 매일이 모여 지금의 스스로에 대해 무한한 가능성을 볼 수 있는 눈을 갖게 되었고, 허전했던 마음은 매일의 기쁨들로 채워져 이제 나를 긍정하고, 나 스스로를 믿을 수 있는 에너지가 생긴 것이다.

아난다 선생님은 이것을 일상의 밝은 면을 발견하고 의도적으로 배치할 수 있는 힘이라고 말씀하셨다. 그리고 이 상태를 유지하기 위해 수련은 계속되어야 하고 늘 나를 깨워야 한다고. 내가 가지고 있는 것으로 돌아오기 위해서 말이다.

그리고 미팅의 거의 끝 무렵, 아난다 선생님은 10분 동안 자기에게 편지를 쓰는 시간을 주셨고 나는 이렇게 적었다.

사랑하는 나에게

오늘은 너의 삶에 대해 진한 후회를 깊이 들여다보는 시간이었어. 과거의 너의 선택들을 후회하며 네가 다시 써 내려간 삶은 너무 아름답고 황홀해서 나는 자꾸 눈물이 났어. 그 시간을 후회하는 눈물이 아니라 그 시간을 상상할 수 있는 지금 네가 너무 아름다워 난 눈물이 난 거야.

그때의 너는 그 삶이 너에게 최선이었다는 것을 나도 알아. 그때의 너는 그 선택도 거우거우 할 수 있었어. 아무리 발버둥 쳐도 거기까지가 최선이었다는 것을 알아. 네가 그 당시 그 상황에서 매 순간 얼마나 최선을 다했는지 말이야.

그런데 지금 그 일들을 복기하며 다시 생각해 보니 나는 하나도 후회가 안 돼. 그저 지금 네가 너의 가능성을 그만큼 열 수 있게 되었다는 그것만으로 나는 너무 기뻐. 네가 꿈꿨던 그 아름다운 시간들이 꿈이 아니라 다른 그림으로 펼쳐질 너의 세계라는 것을 이제 좀 믿을 수 있게 된 것 같아서 나는 진심으로 행복해.

그러니 앞으로 나의 날들이, 나의 날들이 나는 이렇게나 설레고 벅차올라. 물론 그 설렘과 벅찬 감정과 함께 두려움이 올라오기도 하지만 구본형선생님도 말씀하셨잖아. 늘 두렵다고. 그건 내가 살아있다는 증거고, 이제는 그 두려움이 너를 물러서게 하는 두려움이 아니라 너를 나아가게 하는 두려움이 되어 줄 거야. 너는 그렇게 내 두려움을 하나씩 걷어내며 너의 길을 가게 될 거야.

이 편지가 〈아기시〉 4주차를 지나는 나를 거울처럼 비춘다. 이 편지를 쓰고, 읽으며 나는 좀 울었다. 그것은 기쁨의 눈물이었고, 나는 진정 나 스스로를 아름답다고 생각했다.

또 다른 나, 파랑의 <아이를 기다리는 시간>

가지 않은 길에 대한 막연한 낙관. 때때로 나는 과거의 그 순간을 그렇게 돌아보곤 했었다. 지금의 불행 속에 놓여 있는 내 자신을 한심스럽게 바라보면서, 그때 또 다른 그 길을 선택했어야 한다고, 왜 바보처럼, 겁쟁이처럼 도망치며 살았냐고 비난하며 말이다.

이번 주 미션은 '가지 않은 길을 걸어보기' 였다. 내 삶에 결정적 영향을 끼친 선택 3가지를 찾아 다시 한번 그때 그 순간으로 돌아가 새로운 선택의 기회를 누려보는 활동이었다. 지난 삶에 대한 후회를 싹 날려버릴 수 있는 좋은 기회라 생각했다. 그런데 생각보다 쉽지 않았다. 새로운 선택의 가능성을 아무리 열어봐도 도저히 상상되지 않았다. 새로운 선택과 그 선택으로 인해 달라진 내 모습을 그려보는 일이 이렇게까지 어려울 줄이야. 난 상상력이 부족한 사람인가? 그런 생각을 하며 좀 더 깊이 내 안으로 파고들다가 그 순간의 감각이 온전히 되살아남을 느꼈다.

불안하고 두렵고 무서웠던 시간. 과연 내가 뒷감당을 할 수 있을까? 선택의 순간 밀려오던 끝없는 공포와 불안감에 울부짖고 있는 그때의 내 감정이 고스란히 살아났다. 그때의 내가 이걸 선택한 이유는 분명했었다.

사실 선택이라고 생각하지도 않았다. 어쩔 수 없어서. 피할 수 없는 길처럼, 내 환경이 나를 이 궁지로 몰아넣은 거라고, 나는 불쌍한 희생양이라고만 생각했었다. 하지만 분명 그것은 나의 선택이었다.

다만 피하기 위한 선택이냐 마주하기 위한 선택이냐 돌아볼 필요는 있을 것 같다. 그때의 나는 나를 지키고 안전하게 하기 위한 선택들을 해왔다. 거대한 두려움이 있었고 그 두려움과 부담으로부터 나를 지켜내기 위해 한 선택들. 그때의 내가 얼마나 최선을 다했는지 온몸으로 느낀 시간이었다.

그런 의미에서 이번 과제는 늘 원망의 대상이었던 과거의 나를 깊이 이해하고 수용할 수 있는 뜻깊은 시간을 만들어주었다. 이제는 두려움에 무너져 도망치는 선택이 아니라, 두려움을 안고 내가 원하는 방향으로 씩씩하게 나아가는 선택을 해보고 싶다.

늘 최선의 선택을 해준 고마운 너에게

나는 그때의 네가 얼마나 두렵고 불안했는지를 잊고 있었어. 더 좋은 선택을 할 수 있었을 텐데, 왜 그리 어리석은 선택을 해왔던 거냐고 원망하고 비난하고 답답해했지. 더 용기 내지 못했던 너를 늘 바보 같다고, 겁쟁이라고만 했었지. 근데 40이 된 지금의 나로 그 순간의 너로 돌아가 그 선택의 기로에 서보니 여전히 두렵고 불안하고 무섭더라.

이제야 네 마음을 알 것 같아. 그리고 넌 어리석었던 게 아니라 현명했던 거야. 그때의 너에게 가장 안전했던 길을 선택해왔던 거야. 미안해. 바보같다, 한심하다, 몰아세워서 너를 더 사랑스럽게 안아줄게. 잘했어. 정말 잘한 거야. 그 힘든 순간순간을 잘 버텨 와줘서 정말 고마워. 네 덕분에 좀 더 용기 있게 선택할 수 있는 내가 되었어.

나를 바라보는 이 시간이 참 감사하다. 너를 이렇게 다시 볼 수 있어 참 감사해. 그때의 너를 기억하며 나, 더 잘살아보고 싶어졌어. 지혜롭게, 용기 있게 나아갈게. 고마워. 사랑해.

제 5 주 내 생의 마지막 순간

♥ 나의 죽음을 대하는 가족과 지인들의 반응? 누가 가장 슬퍼할까? 그 이유는?

가족들은 갑자기 사라진 엄마, 아내, 딸, 며느리의 부재를 받아들이기 힘들어 할 것 같다. 갑작스런 공백을 메우기 위해 어디서부터 어떻게 해야 할지 당황스러워할 것 같다. 슬픔은 그다음에 밀려올 것 같다. '이리도 애쓰며 살고 있었구나. 참 열심히도 살았구나. 그런데 이제야 어느 정도 윤곽이 잡혀가던 무렵이었는데, 이제는 조금씩 그 성과를 누리는 기쁨도 즐길 수 있는 시기가 되었는데 그걸 함께 누리지 못하고 먼저 가다니. 너무나 안타깝구나.' 생각할 것 같다.

그러나 얼마지 않아 안정을 찾아갈 것이다. 아이들은 충분히 사랑받았던 기억으로, 그리고 엄마와 나누던 이야기로, 또 남겨놓은 기록들로 엄마의 빈자리를 어떻게든 채워나갈 것이다. 그리고 엄마가 함께 할 수 있는 상황 못지않게 잘 자라 줄 것이다.

남편도 마찬가지다. 잘 자라주는 아이들을 보며 날이 갈수록 나에 대한 고마움이 더해 갈 것이다. 하지만 언제까지나 내 자리를 비워놓지는 않을 것이다. 내가 닦아 놓은 기반을 잘 활용해 더 나은 가정을 꾸려갈 수 있는 좋은 사람을 찾아낼 것이다. 아! 이 부분이 걸린다. 그렇다면 그 사이에서도 아이가 태어날 텐데... 그리 되면 상황은 완전히 달라지는 것 아닌가? 아무리 괜찮은 그녀가 들어온다고 해도 이 부분은 보장하기 어려운 것 아닌가. 그렇다고 마냥 혼자서 늙어가게 둘 수도 없고. 음...

누가 뭐래도 가장 슬퍼할 사람은 우리 엄마일 거다. 늘 마음으로 의지하던 큰딸이 그리 허망하게 가버렸다는 것을 감당하기가 쉬울 리가 없다. 그러나 엄마도 역시 어떻게든 수습하고 잘 살아가실 듯 하다. 우리에게는 좋은 추억이 너무 많으니까.

그리고 지인들은...나를 깊이 아는 몇 안 되는 친구들은 진심으로 안타까워해 줄 것이다. 그러나 살짝 아는 사람들은 별다른 느낌을 못 받을지도 모르겠다. 그들과 나는 거의 무관계 수준이니까.

♥ 이별을 앞둔 이 순간 가장 아쉬운 것은?

오랜 시간을 들여 잘 닦아놓은 기반 위에 나를 닮은 구조물 하나 세워보지 못한 게 너무나 속상하다. 여기까지가 내게 허락된 시간이라면 어쩔 수 없는 거겠지만 그래도 너무나 아쉽다.

이젠 모든 준비가 다 되었는데, 여기서 비상만 하면 되는 순간이었는데, 그것도 이제 가장 힘든 단계는 지나 섰는데, 이렇게 끝이 나버리다니...허망하기가 이를 데 없다. 책을 통해 엄마 이야기가 허황된 것이 아니었음을 알려주고 싶었는데, 그동안 보고 배운 것이야말로 '자기다운 삶'

을 만들어가고자 하는 사람들을 위한 최고의 가르침이라는 것을 알아차릴 수 있게 해주고 싶었는데, 그 작업을 마무리하지 못하고 가게 되다니. 아쉽고도 아쉽다.

♥ 내 생의 마지막 10분

먼저 이 자리에 모여주신 분들, 정말 감사드립니다. 그리 많은 분이 계실 것 같지는 않습니다. 하지만 한 분 한 분 모두 제게는 참 소중한 분들입니다. 당신들과 함께 하는 시간들을 더 아름답게 만들어가는 것이 제 삶의 이유였으니까요. 그 마음이 얼마나 전해졌는지는 잘 모르겠습니다. 때로는 마음만 앞서 오히려 더 힘들게 하기도 했을 겁니다. 제겐 이미 함께 하는 것만으로도 기쁨인 당신이었지만, 그런 당신을 기쁘게 하기 위한 제 노력이 늘 성공했을 리가 없을 테니까요.

그래서 종종 마음이 불편하기도 했습니다. 어떻게든 실패를 만회해보려고 애를 써보기도 했고요. 그러다 알게 되었습니다. 바로 그 '잘하고 싶은 마음'이 너무 커져 버려서 정작 당신이 보이지 않게 되는 때 진짜 문제가 시작된다는 것을요. 솔직히 말씀드리면 이것을 깨달은 지가 얼마 되지 않았는데 이렇게 여러분을 떠나게 되네요. 아쉽고도 아쉬운 것이 사실이지만 어쩌겠어요. 여기까지가 제 운이라면 그마저도 받아들여야겠지요?

훈아, 영아. 내 사랑하는 아이들. 너희들은 엄마가 살아있는 이유였다. 여기서 삶을 마쳐야 한다는 사실이 가장 아픈 이유이기도 하고. 하지만 엄마는 너무 슬퍼하지 않으려고 한다. 지금으로선 엄마 자신도 이해할 수 없지만 다른 어느 때가 아닌 지금이 너희와 엄마가 가장 아름답게 헤어질 수 있는 타이밍일 거라고 믿으니까. 삶은 그렇게 우리에게 자기 자신으로 살아갈 수 있는 가장 적절한 환경을 제공하는 법이니까. 그러니 너희도 엄마와의 이별을 너무 슬퍼하지 말았으면 좋겠구나. 대신 '왜 지금이어야 했을까?'라는 질문을 잊지는 말았으면 좋겠다. 물론 쉬운 문제는 아닐 거다. 하지만 그 질문을 품고 있다면 언젠간 알게 될 것이다. 바로 그 질문이야말로 너희를 원하는 삶으로 데려다줄 마법의 양탄자였다는 것을.

여보. 당신께는 단 한마디만 하고 싶어요. 아이들 혼자 키우려면 많이 힘들거예요. 하지만 믿어요. 당신이라면 잘 해낼 것이라는 것을요. 당신은 충분히 좋은 아빠예요. 자부심을 가져도 좋을 만큼요. 그러니 그것이 무엇이든 당신이 원하는 대로 하세요. 그것이 아이들을 위해 최선의 선택이 될 테니까요. 그래도 마음이 어려울 때는 저를 불러주세요. 지금처럼 주거니 받거니 이런저런 이야기를 하다보면 어수선하던 마음도 어느새 정리가 되고 또 다음을 살수 있는 힘을 얻게 될 거예요. 죽은 제가 어떻게 그럴 수 있냐고요? 당신의 마음속에 들려오는 그 목소리가 바로 저예요. 저는 늘 당신 곁에서 당신을 응원할 거니까요. 그 목소리를 받아들여 주세요. 당신에 대한 제 사랑을 믿으신다면요.

엄마, 사랑하는 우리 엄마. 엄마, 먼저 가서 미안해요. 하지만 너무 슬퍼하진 마셨으면 좋겠어요. 엄마 딸, 정말 여한없이 살다 가니까요. 엄마랑도 좋은 추억이 참 많아서 엄마가 그리울 때마다 하나씩 하나씩 꺼내보면서 외로움을 달랠 수 있을 것 같아요. 그래도 너무 보고 싶으면 언제든 와서 머물다 가면 되니까요. 살다가 유난히 제 생각이 많이 나는 날엔 제가 와 있나 보다 하시면되요. 그럼 그동안 하고 싶었던 이야기도 하고 그럼 되죠. 제 마음이 다 느껴지도록 꼭 안아볼 수가 없는 것이 속상하긴 하지만 그래도 여기까지가 어디예요. 곁에 누군가가 있다면 그의 몸을 빌어 꼭 안아 드릴께요. 저라는 걸 분명히 느끼실 수 있도록. 그러니 먼저 간 딸 그리워하느라 아까운 시간 보내지 말고 더 재미있게 더 행복하게 살다가 오셔야 해요. 그래야 제 맘이 좋으니까요. 엄마, 제 맘 알죠?

어머님, 아버님. 두 분 정말 감사드립니다. 걱정은 많이 안 할께요. 애

아빠가 하자는 대로 두세요. 그럼 모든 일이 잘될 테니까요. 그러고 보니
한 번도 전하지 못한 말이 있네요. 어머님, 아버님. 사랑합니다.

그리고 친구이자 스승인 당신들이 있어서 '여한 없는' 생을 마감할 수
있었습니다. 길을 잃을 때마다, 주저앉고 싶을 때마다 당신들이 있어서
다시 일어서 걸을 힘을 낼 수 있었습니다. 당신들을 만나지 않았다면 제
곁의 보석들을 알아보는데 훨씬 더 많은 시간과 노력이 필요했을 겁니다.
감사합니다. 그리고 사랑합니다.

이제 정말 시간이 없네요. 여러분. 당신들과 함께 할 수 있어서 정말
행복했습니다. 함께 한 이 자리도 슬픔보다는 기쁨으로 가득 찰 수 있었
으면 좋겠습니다. 정성껏 준비한 음식 드시며 함께 했던 아름다운 순간들
을 나누는 유쾌한 즐겨주시면 좋겠습니다. 정말 좋겠습니다.

홀가분할 줄 알았는데 아니었습니다. 여한 없이 살았다고 자신했건만 이대로 남겨두고 가려니 아쉬움이 너무 많았습니다. 나를 닮은 내 세상 하나 갖기를 그리 간절히 꿈꿨건만 그러지 못했던 것이 제일 속상했습니다. 나조차도 그 '세상'이라는 것이 대체 어떤 모양새인지 분명히 보지 못했으니 다른 사람들의 이해와 공감을 구할 수 없는 것은 어쩌면 당연한 일이니까요.

두려웠습니다. 나를 닮은 세상이라는 것이 그리 대단한 것이 아닐지도 모른다는 의심이 들었기 때문입니다. 그렇다면 뭐 그리 애쓸 필요 있을까? 더 인정받고 더 사랑받기 위해서라면 오히려 적당히 꾸미고 포장해서 그럴듯하게 보이려는 노력을 더 하는 편이 현명할 수도 있으니까요. 물론 그렇게 해보기도 했습니다. 그런데 그마저도 잘되지 않았습니다. 이렇게 사방에서 문이 닫히기만 하니 대체 나는 어쩌면 좋단 말인가. 화가 나기도 했습니다. 또 한편으로 궁금하기도 했습니다. '내 세상을 갖고 싶다'는 욕망이 이리도 집요하게 나를 따라다니는 데는 이유가 있을지도 모른다는 생각이 들었습니다.

아무도 읽어주지 않을지도 모르는 글을 위해 이리 공을 들이고 있는 제가 한없이 안쓰럽고, 한편으로는 한심해지곤 합니다. 그러나 이제는 도망칠 곳이 없네요. 지금으로선 이 글을 완성하는 것 말고는 달리하고 싶은 일도 할 수 있는 일도 없으니까요. 남편이 말합니다. '책 따위는 쓰지 않아도 괜찮다고. 그냥 편하게 살아도 괜찮다고.' 그래서 말했습니다.

'그래도 꼭 쓰고 싶다고. 내가 어떤 사람인지, 무엇을 위해 살고 있는지, 얼마나 간절히 살고 있는지를 내 언어로 꼭 남겨놓고 싶다고. 나를 위로하고 싶다면 약속해 달라고. 포기하라고 하지 말고 내 책의 첫 독자, 어쩌면 유일한 독자가 되어주겠다고. 그것이 당신이 지금 내게 할 수 있는 최선의 위로이자 격려라고. 이젠 더 이상 미안해하지 않을 거라고. 그럼 오히려 더 힘들어지니까. 그냥 아무 생각 없이 주어진 질문에 대답하는데 최선을 다해 보겠다고. 솔직히 아직은 나 자신조차 이해할 수 없지만 내가 이리 말하는 데는 분명히 이유가 있을 거라고. 알고 나면 조금은 더 편안해질지도 모른다고. 그러면 당신과 아이들을 조금 더 사랑할 힘이 생길 수도 있을 거라고. 지금은 답답하고 안타까워도 그냥 지켜보고 응원해달라고.'

트리나 폴러스의 『꽃들에게 희망을』 중에서

날이 점점 어두워지자 호랑 애벌레는 덜컥 겁이 났습니다.

모든 것을 포기해야 한다는 생각이 들었습니다……

"애벌레마다 내부에 나비가 한 마리씩 들어있다고? 그런 이야기를 곧이 듣다니, 너도 참 웃기는 애구나. 우리의 삶은 기어 다니다가 기어오르는 거야. 우리 모습을 봐! 어느 구석에 나비가 들어있겠어? 이런 몸뚱이나마 최대한 이용해서, 애벌레의 삶이나 열심히 즐기라고!" 애써 무시하려고 하턴 누군가의 빈정거림이 다시 떠올랐습니다.

"그 애가 옳을지도 몰라. 나한테 무슨 증거가 있는 것도 아니잖아. 나비가 되고 싶은 마음이 너무 간절한 나머지 그런 환상을 꾸며 낸 것일까?"

점점 더 자신이 없어졌습니다. 다 정리되었다고 생각했던 번민들은 호랑 애벌레의 몸을 순식간에 꽉 채웠습니다.

"애벌레로 있으면 적어도 '무엇인가'를 할 수는 있어. 기어 다닐 수도 있고 먹을 수도 있어. 어떤 식으로든 사랑도 할 수 있어. 하지만 고치가 되면 어떻게 함께 하지? 고치 속에 틀어박히는 건 생각만 해도 끔찍해!!"

날개를 가진 멋진 존재로 변할 수 있다는 확신도 없는데, 하나뿐인 목숨을 어떻게 위험에 빠뜨릴 수 있단 말인가?

커져가는 것이 두려움뿐이었다면 포기해버리고 말면 그만이었을 겁니다. 그러나.

"일단 나비가 되면, 너는 '진정한 사랑'을 할 수 있어. 새로운 생명을 만드는 사랑말이다. 그런 사랑은, 서로 껴안는 게 고작인 애벌레들의 사랑보다 훨씬 좋은 것이란다."

새로운 생명을 만드는 '진정한 사랑'. 너무나 궁금해서 참을 수가 없습니다. 가진 것 모두를 걸고라도 꼭 내 것으로 만들고 싶은 그 것. 직접 체험해보지 않고는 도저히 이해할 수 없는 느낌이라는 것을 알고 있습니다. 어떻게든 그 사랑을 소화하고 싶습니다. 서로 껴안아 주는 애벌레의 사랑이 시시하다고는 생각지 않습니다. 그러나 애벌레의 사랑으로는 채워지지 않는 그 무엇이 분명히 있습니다.

먹고 자라는 것이 전부였던 어린 날들. 애벌레 기둥 안에서 치열하게 내 자리를 찾아가던 시절, 밟고 밟히는 경쟁에 지쳐 또 다른 삶을 찾아 헤매던 시간들, 그리고 다시 돌아간 애벌레 기둥에서 내려오기로 마음먹고 난 이후의 나날. 그 모든 시간들이 한 마리의 나비를 만들기 위해 꼭 필요한 과정은 아니었을까요?

물론 알고 있습니다. 이 질문에 답할 수 있는 오직 한 사람은 저 자신뿐이라는 걸. 사랑하는 아이들에게 '나비의 사랑'을 전하고 싶습니다. 애벌레로서 사랑하는 시간도 충분히 좋았지만 이제는 새로운 사랑법이 필요할 때가 왔으니까요. 애벌레로서는 '여한이 없을 만큼' 사랑했으니 미련을 둘 이유가 없습니다.

고치로 들어간다는 것은 포기가 아니라 더 깊은 사랑을 위한 피할 수 없는 과정이었던 겁니다. 이윽고 '고치' 안으로 들어온 이유를 스스로 납득할 수 있게 되었습니다. 이제 고치를 찢고 나비로 다시 태어나게 될 '그러던 어느 날'을 좀 더 편안히 기다릴 수 있을 것 같습니다.

4년 전 나와의 만남

새로운 삶이 국면이 시작되고 있음을 느꼈기 때문이었을 것이다. 4년 만에 다시 나 자신을 위한 〈아이를 기다리는 시간〉을 진행중이다. 이번 주가 5주차 〈내 인생의 마지막 10분〉을 맞이하는 주다. 오랜만에 트리나 폴리스의 『꽃들에게 희망을』을 다시 펼쳐 들고 책장을 넘기다가 바로 그 장면을 만난 순간, 나도 모르게 꺽꺽 울고 말았다.

트리나 폴리스의 『꽃들에게 희망을』 중에서

그림을 보는 순간, 바로 알 수 있었다. 바로 지금이 그토록 기다려온 '그러던 어느 날'의 그 순간임을. 앞장을 넘겨보는데 어느 한 장면도 그냥 지나칠 수 없었다. 그 모든 순간들이 모여 지금 이 순간을 열어냈음을 알고 있었기 때문일 것이다. 희망과 절망의 교차로를 수없이 통과하며 이곳까지 와 준 스스로가 너무나 고마웠다. 그렇게 한참을 울다가 조심스레 다음 장을 넘긴다. 가슴이 벅차오른다.

트리나 폴러스의 『꽃들에게 희망을』 중에서

또 다른 나, 파랑의 <아이를 기다리는 시간>

죽음의 문턱 앞에 서 보는 경험! 이번 5주차 과제는 그거였다. 내 생의 마지막 날이라 생각하며 가장 아쉬운 것, 마지막으로 하고 싶은 말은 무엇인지 정리하는 시간을 가졌다.

2년 전 죽음을 떠올려본 그 날, 나는 미처 사랑해 주지 못하고 떠날까 봐 두려웠다. 내가 얼마나 큰 사랑을 받았는지 그제서야 깨달았는데 하나도 돌려주지 못하고 떠난다 생각하니 애통했다. 2년이 지난 지금 나는 어떤가? 충분히 사랑했는가? 여전히 가장 아쉬운 부분은 더 사랑하지 못했다는 것! 그리고 온전히 용서하지 못한 이들이 남았다는 것. 끝까지 사랑에 완전히 마음 열지 못했다는 것.

아직 나는 사랑과 용서에 저항하고 있었다. 사랑에 대한 두려움과 의심이 있었다. 이용당할까 봐 두렵고 무조건 복종해야 할까 두렵고 나를 잃게 될까 두렵고 모든 위험을 감수해야 할 것 같고 모든 책임도 떠안아야 할 것 같고 사랑한다는 이유로 언제나 약자가 되어야 할 것 같은 두려움이 있었다. 내 삶에서 풀어야 할 숙제가 무엇인지 명확해졌다. 그 모든 저항을 내려놓고 사랑에 더 온전히 마음을 열고 싶다.

이번 과제를 하면서 또 하나 진하게 깨달은 것은 온전히 혼자 이룬 것은 없다는 것! 함께여서 가능했다는 것! 사실 그동안은 내가 마음 공부해서 그나마 우리 가정에 이만큼의 평화와 안정을 일궈낼 수 있었다는 우쭐거림이 있었다. 그런데 돌아보니 나 혼자 이룬 것은 아무것도 없었다. 끊임없이 무한한 사랑을 보내주는 아이들과 가족을 위해 묵묵히 고행길을 걷고 있는 남편 덕분임을 깨닫게 되었다. 어리석게도 혼자 그 험난한 길을 뚫고 나온 줄 알았는데, 함께여서 가능했던 일이었다.

그러나 이따금 나를 괴롭히는 질문이 있었다. 이대로 가족들을 사랑하는 데 내 시간을 다 쓸 것인가? 내가 정말로 하고 싶은 건 무엇일까? 아이들과 남편을 위한 시간이 모두 내 시간을 갉아먹는 것 같은 나란 존재를 잃게 되는 걸까 봐 두려웠던 그 상태는 벗어났지만, 여전히 때때로 불안하긴 하다. 아난다 선생님은 자기사랑에서 가족으로, 나아가 사회로 연결·확장될 수 있음을 설명해주셨다.

죽음의 문턱 앞에서 길어 올린 삶의 지혜를 지금의 삶에 어떻게 적용할 것인가? 선생님의 질문에 "지금 사랑하겠다."라는 대답이 흘러나왔다. 아직 일어나지 않은 미래에 대한 불안으로 내 현재를 잃어버릴 순 없지 않은가. 지금 사랑하는 일! 고마운 내 가족들 더 맘껏 사랑하자. 사랑할 수 없을까 봐 두려웠던, 내가 사랑할 수 있는 존재란 걸 도저히 믿지 못했던 지난날이 떠올라 눈물이 터졌었다. 지금 나는 사랑할 수 있는 존재다. 이 또한 눈물 나게 감격스럽구나!

또 다른 나, 소나의 <아이를 기다리는 시간>

〈아기시〉5주차 주제는 '나의 장례식'이었다. 나는 지난주 나의 장례식을 그려보며 나의 과거와 현재를 담담히 정리했다. 하루 종일 과제를 붙들고 있는데 잘 마무리되지 않아 마음이 좀 어수선하고 힘든 날도 있었지만, 늘 그렇듯이 미팅을 하며 이런 시간들도 내가 반드시 거쳐야 할 소중한 시간이었다는 것을 알게 되었다.

최선을 다하지만 성과가 나지 않는 시간들. 내면의 자원을 쓸 수 있는 사람으로 되어가는 그 지난한 과정을 버티는 것. 내가 잘 가고 있는 것이라 믿으며, 그 길 위에서 잘 머무른다는 것. 내가 하는 일들이 내 생각만큼 잘되지 않을 때 포기하고, 뒤로 물러서는 것이 아니라 내 안의 힘을 믿고 끝까지 나의 길을 가는 것. 그것이 내가 이번 주를 지나며 얻은 깨달음 중 하나이다.

나의 오랜 주제가는 '나는 아이를 사랑하지 않는 것 같다'였다. 나에게 높은 잣대와 기준을 들이대며 내가 아이에게 정신적, 육체적으로 사랑을 충분히 주지 못한다는 생각은 오래도록 나를 괴롭게 했다. 그러나, 돌이켜 보면 나는 아이에 대한 나의 의무와 책임을 회피한 적도 없고 나의 자리에서 늘 최선을 다했다. 그런데도 그렇게 오래도록 그런 괴로움을 안고 있었던 것은 '모성에 대한 사회적 신화'에 매몰되어 그걸 기준으로 삼고 다른 사람의 '보여지는' 모습과 나를 비교하며 나를 끊임없이 다그쳤기 때문이다.

내 중심이 밖에 있을 때 나는 모든 것이 서러웠다. 나는 이제 나의 중심을 나의 안에 두고 나에게 집중할 수 있게 되었다. 나는 나와 우리 가족의 행복을 위해 이 여정을 시작했다. 결국 나를 돌보는 것이, 나를 사랑하는 것이 가족을 사랑하는 것임을 매주 상기한다. 머리가 아닌 감각으로 알게 된다.

이제 6주차에 들어서면서 이 여정의 방향성을 좀 더 구체화해 나간다. 나만의 사랑의 기술을 발견하고 그 기술을 어떻게 갈고닦아 그 기술로 나와 세상을 어떻게 연결해 갈 것인가에 대한 전체적인 그림을 그리는 것. 이 여정의 최종 목표이다. 이 길 위에서 조급해하지 않고 나비가 될 것을 알고 있는 '애벌레'인 내가 언제가 '나비'가 될 것을 온전히 믿으며 매일의 나를 쌓아가는 것.

제 6 주 나만의 행복여행

♥ 나는 무엇을 위해 사는가? 나의 행복은 무엇인가? 이를 위해 나는 무엇을 할 수 있는가?

"일단 나비가 되면, 너는 '진정한 사랑'을 할 수 있어. 새로운 생명을 만드는 사랑말이다."

새로운 '생명'을 만드는 그런 사랑을 나누고 싶다. 마음이 아픈 이들을 치유해서 다시 살아갈 힘을 주는 삶을 살고 싶다. 내면의 목소리를 따라 사는 희열을 깨닫게 해주고 싶다. 자신의 잠재성을 남김없이 발휘하며 살 수 있도록 도와주고 싶다.

이를 위해서는 우선 내 삶을 일으켜야 한다. 갖지 않은 것에 초점을 맞추고 슬퍼하는 습관을 치유하고, 내면의 목소리를 믿고 따라가며 내가 가진 자원을 아낌없이 사용하며 살 수 있어야 한다.

♥ 내 가족(남편, 아이, 부모님)의 행복은 무엇인가? 나는 무엇을 도울 수 있는가?

남편의 행복은 소박하다. 가족을 편안하게 보살피고, 또 그런 보살핌을 받고 싶어 한다. 최선을 다하는 만큼 인정받고 싶어 한다.

남편의 행복을 위해 나는 그에 대한 감사를 그가 원하는 방식으로 표현한다. 맛있는 음식을 정성스럽게 준비하고, 그와 함께 보내는 시간을 소중히 여기고, 그가 직장생활을 하는데 불편함이 없도록 내조를 아끼지 않는다.

일상적인 챙김에 능숙치 않아 그를 얼마나 만족시킬 수 있을지는 모르겠지만, 그래도 포기하지 않는다. 서로의 기쁨을 위해 정성을 다하는 태도를 잃지 않는 것이 중요하다. 나와 마찬가지로 그 역시 그가 가진 장점으로 인정받고 싶어한다는 것을 잊지 않는다. 그가 가진 장점에 집중해주는 것이야말로 내가 그리 원하는 '진정한 사랑'의 본질일 테니까.

아이들 역시 마찬가지다. 자기 자신으로 인정받는 것이 그들의 행복이다. 이를 위해서는 우선 자기 자신에 대한 애정과 믿음이 뒷받침되어야 한다.

엄마인 나는 그 기반작업을 도와줄 수 있다. 그리고 그들이 원한다면 그 이후의 비상도 최선을 다해 도와주고 싶다. 그들에게 생명을 만드는 진정한 '사랑'을 전하고 싶다.

부모님들의 행복은 그저 우리 가족이 무탈하게 살아가는 것을 지켜보시는 것인 듯하다. 이를 위해서 나는 뭔가를 해드리려고 무리하려 하기보단 최선을 다해 살아간다. 부모님께 감사하는 마음을 기회가 될 때마다 표현하려고 노력한다.

가족의 울타리를 넘어가 내가 사랑하는 사람들이 또 있던가? 가족만큼이나 절실한 존재가 또 있던가? 상황이 맞아 잘 지낼 수 있으면 좋겠지만 그렇지 않아도 그뿐. 이것이 내가 가족 외의 사람을 대하는 기본적인 태도. 필요에 의해 사람들을 선택해서 만나고 있는 상황. 하지만 그것이 꼭 나쁘다고는 할 수 없을지도 모른다.

나 역시 나를 필요로 하는 사람들과 함께 있을 때, 내가 가진 풍요로운 것이 그들에게 도움이 된다는 느낌이 들 때 행복감을 느끼니까. 나로 인해 그들의 삶이 나아지는 것을 확인할 때 더없이 행복하다. 혹 이런 느낌이 '사랑'은 아닐까?

문제는 그들과의 관계를 유지하기 위해 내가 갖고 있지 않은 것을 치러야 할 때 발생한다. 필요에 의해 어쩔 수 없이 관계를 이어나가기는 하지만 가면 갈수록 피곤하고 부담스러워진다. 이런 관계에서 오는 피로감은 때때로 정말로 소중한 관계에까지 영향을 미치곤 한다. 삶이 힘들어진다.

여기까지 오니 분명해진다. 내가 사랑하는 사람들이란 내게 있는 풍요로운 것들로 인해 자신의 삶을 개선시키고자 하는 이들이다.

그렇다면 내가 가진 풍요로운 것들이란 도대체 무엇일까? 몸과 마음이 함께, 나와 가족이 함께 행복한 라이프 스타일을 만들어가는 여정에서 겪었던 수많은 시행착오들을 정리한 로드맵? 그 과정을 즐기기 위한 팁들? 마음먹은 대로 움직여주지 않는 스스로를 다독이는 법? 이런 것들을 필요한 이들과 나누기 위해 〈아이를 기다리는 시간〉을 진행하며 얻었던 깨달음들? 아무리 생각해봐도 내가 세상에 줄 수 있는 것은 이것밖에는 없다.

게다가 사람들 사이에서 빠르게 소진되는 에너지 패턴을 갖고 있으니 직접 만날 수 있는 사람들은 한정되어 있다. 이런 것들을 직접 대면이 아닌 방법으로 전달할 수 있어야 한다. 그렇게 하기 위해서는 지금으로선

'글'밖에는 방법이 없다.

글을 통해 내가 가진 것이 무엇인지 스스로 확인할 수 있게 될 것이다. 그들 역시 글을 통해 자신들에게 필요한 것을 내가 갖고 있는지를 검증할 수 있게 될 것이다. 그렇게 서로에 대한 기대수준을 조절한 상태에서 만날 수 있어야 괜한 에너지 낭비를 피할 수 있다. 그래야 서로에 대한 사랑을 지속해나갈 수 있다.

결론적으로 내가 사랑하는 이들은 '자기 삶의 경영자'가 되기를 꿈꾸는 여인들이고, 나는 그들을 위해 자신만의 행복을 정의하고 그 행복을 위해 가진 자원들을 재배치하는 것을 도울 수 있다. 다시 말해 그들이 '해피맘 CEO'로 거듭나는 것을 돕고 싶다. 우선 나부터.

인생은 꿈으로 지어진 한 편의 詩

구본형

내가 만일 다시 젊음으로 되돌아간다면,
겨우 시키는 일을 하며 늙지는 않을 것이니
아침에 일어나 하고 싶은 일을 하는 사람이 되어
천둥처럼 내 자신에게 놀라워하리라

神은 깊은 곳에 나를 숨겨 두었으니
헤매며 나를 찾을 수 밖에
그러나 신도 들킬 때가 있어
신이 감추어 둔 나를 찾는 날 나는 승리하리라

이 세상에서 내가 가장 잘할 수 있는 일은 무엇인가
이것이 가장 훌륭한 질문이니
하늘에 묻고 세상에 묻고 가슴에 물어 길을 찾으면
억지로 일하지 않을 자유를 평생 얻게 되나니

길이 보이거든 사자의 입속으로 머리를 처넣듯
용감하게 그 길로 돌진하여 의심을 깨뜨리고
길이 안 보이거든 조용히 주어진 일을 할 뿐
신이 나를 어디로 데려다 놓든

그곳이 바로 내가 있어야 할 곳

위대함은 무엇을 하느냐에 달려있는 것이 아니며
무엇을 하든 그것에 사랑을 쏟는 것이니
내 길을 찾기 전에 한참을 기다려야 할지도 모른다
천 번의 헛된 시도를 하게 되더라도
천한 번의 용기로 맞서리니

그리하여 내 가슴의 땅 가장 단단한 곳에 기둥을 박아
평생 쓰러지지 않는 집을 짓고,
지금 살아 있음에 눈물로 매 순간 감사하나니
이 떨림들이 고여 삶이 되는 것

아, 그때 나는 꿈을 이루게 되리니
인생은 詩와 같은 것
낮에도 꿈을 꾸는 자는 詩처럼 살게 되리니
인생은 꿈으로 지어진 한 편의 詩

자꾸만 지치는 것이 사실입니다. '애벌레로 사는 것을 기꺼이 포기할
만큼 간절하게' 날기를 원하고 있는 것은 분명한 데, 이제는 미련 없이
고치로 들어가겠다고 결심했는데, 그렇게 마음을 먹고 난 이후 느꼈던 말
할 수 없는 평화로움이야말로 잘하고 있다는 증거라고 믿었는데, 아침에
일어나보면 또 어제와 같은 묵직함이 가슴께서 느껴집니다. 속상합니다.
　그러나 포기하지 않습니다. 대신 여기까지 잘 와준 스스로를 다시 한번
칭찬해 줍니다. 그냥 묵묵히 지금 여기서 해야 할 일을 찾아합니다. 잘

해내면 좋지만 그렇지 않다고 해도 괜찮습니다. 적어도 안 하는 것보다는 잘하고 있는 것이 분명하다고 믿습니다. 이렇게 다시 일어설 마음을 내준 자신이 대견하기만 합니다.

이 세상에서 내가 가장 잘할 수 있는 그 일은 어쩌면 바로 이것인지도 모릅니다. 내일 또 넘어질 것을 모르지 않지만 그래도 다시 일어나는 용기, 아직은 아무것도 보이지 않지만 그래도 언젠가는 분명히 날아오를 수 있으리라 희망을 찾아내는 힘이 제가 가진 진짜 재능인지도 모릅니다. 지친 스스로를 다독이고 격려해서 또 오늘을 살아내고 있는 제 자신이 새삼 대견스럽습니다. 하지만 그것이 무슨 재능이냐구요? 그걸로 뭘 할 수 있는 거냐고요?

그래서 살아있을 수 있었습니다. 사랑하는 이들의 곁을 지켜줄 수 있었습니다. 아무것도 달라진 것이 없어 보이지만 때때로 '살아있어서 참 좋구나' 하는 벅찬 기쁨을 느끼기도 합니다. 모든 일을 빈틈없이 처리하는 아내는 아니지만, 늘 평화롭고 따사로운 내면을 유지하고 있는 엄마는 아니지만, 곁에 있기만 해도 힘이 날 것 같은 친구는 아니지만 그럼에도 불구하고 이리도 간절히 살아있기 위한 노력을 멈추지 않는 사람. 그런 사람의 이야기도 세상에 하나쯤은 필요하지 않을까요? 저는 바로 그 일을 위해 세상에 온 것이 아닐까요?

남보다 많이 가져서가 아니라, 뛰어난 성취를 이루어내서가 아니라 그저 지금 이 순간 살아있는 사람이라면 누구나 느낄 수 있는 기쁨을 찾아 전하는 것, 그래서 '이런 것쯤은 나도 해볼 수 있지 않을까, 그러기 위해서는 어떻게든 다시 살아보고 싶다' 하는 마음이 들게 만드는 그런 이야기를 만들어 낼 수 있으면 좋겠습니다.

난 내가 행복하다고 생각해.

내가 좋아하는 일을 하는데다, 그 일을 잘하고 있고,

또 여기서는 내 자신이 정말 필요한 존재라는 느낌을 받아.

그리고 이 곳에선 내가 존재한다는 그 자체만으로도

사랑받는다고 느껴.

프랑수아 를로르의 『꾸뻬씨의 행복 여행』 중에서

우리 모두가 이렇게 말할 수 있는 날이 오리라, 반드시 오리라. 떠올리기만 해도 가슴 벅찬 이 꿈을 위해 남은 삶을 다 쓰고 싶습니다. 그렇게 시처럼 살아보고 싶습니다.

'해피맘CEO'는 2018년 나로 살아가는 기쁨이라는 의미를 담은 '아난다'로 바꾸기 전까지 거의 8년 가까이 써오던 닉네임이다.

왜인지는 모르겠으나 언젠가부터 나는 '경영'이라는 단어에 매료되었다. 학부 때부터 전공인 신문방송학 수업보다 '경영학과' 수업을 더 많이 들었던 것은 우연이 아니었던 모양이다. 뭐하러 '경영학과' 수업을 그리 줄기차게 들으러 다니느냐는 질문을 받을 때마다 속으로 생각했더랬다. '그러게요. 저도 그게 궁금하다니까요. 그래도 어쩌겠어요. 재미있는데...' 그렇다고 부전공이나 복수전공을 할 생각은 해본 적도 없다. 내 주제에 '사장님' 될 것도 아니고, 그냥 재미있어서 하는 공부이니 전공에 지장을 주지 않는 범위 내에서 소화하면 그걸로 충분하다 여겼던 것 같다. 학부와 같은 과 대학원에 진학하고, 어쩌다 뜬금없는 공직으로 사회생활을 시작했다. 이로써 내 인생에서 다시 '경영'이 등장할 일은 없을 줄 알았다.

직장에서의 성패가 인생의 성패라도 되는 양 일에 목숨을 걸던 내가 이상해지기 시작했던 것은 엄마가 되면서부터였다. '남보다 더 빨리, 더 높이', 평생을 의심없이 지켜온 '성공'의 정의가 자꾸만 흔들리고 휘청거렸다. 그리 목을 매던 승진을 목전에 두고 직장을 쉬면서까지 공부를 선택했던 것은 흔들리는 나를 다잡기 위해서였다. 그런데 바로 그 공부를 위해 찾아간 학교가 바로 '구본형변화경영연구소'였던 거다. 다시 '경영'이었다.

경영經營, management : 일정한 목적을 달성하기 위하여
인적·물적 자원을 결합한 조직, 또는 그 활동
- 한국민족문화대백과 -

그렇다면 지금까지 살면서 내가 해온 모든 활동이 다 '경영'이란 말이 아닌가? 결국 삶이란 자신의 '소명'을 달성하기 위해 주어진 자원을 최적화해가는 활동에 다름이 아니지 않은가? 그제서야 내가 '경영' 주위를 그리 오래 서성였던 이유가 납득이 되었다. 그리고 기왕 '경영'과 뗄 레야 뗄 수 없는 게 삶이라면 작정하고 '경영'을 연구해보기로 했다. 애들만 아니었더라면 당장 '경영학과' 대학원부터 갔을지도 모른다. (결과적으로 안 그럴 수 있어서 얼마나 다행인지 모른다. 진심으로)

하지만 한참 손이 많이 갈 나이의 아이 둘을 기르고 있던 내게 '경영학과 대학원' 진학은 너무나 비현실적인 옵션이었다. 그러니 도리 있으랴? 내 삶을 현장 삼아 '경영'을 독학하는 수밖에. 이때 언젠가 책에서 읽은 『맘CEO』라는 개념이 떠올랐다. 그러나 그것만으로는 뭔가 만족스럽지가 않았다. 저자가 남자라는 유전자적 한계이려나? 『맘CEO』에서는 '엄마'라는 존재를 자식을 성공으로 이끄는 조력자로서의 역할에만 묶어두고 있다는 느낌이 들었기 때문이었다.

'그 역할이 다하고 나면 엄마의 삶은 어떻게 되는 건데?' 하는 의문이 들어 직접 저자를 찾아가 질문을 해보기도 했으나 안타깝게도 저자는 그 질문 자체를 이해하지 못하는 듯했다. '엄마가 자식을 위해 살 수 있으면 되었지, 그 이상 뭐가 더 필요해?' 하는 눈빛이었달까?

'엄마의 삶도 중요하다고 믿는 내가 이상한 건가?' 잠시 좌절했으나 곧 일어나 '맘CEO' 앞에 '해피'를 붙였다. 부디 『맘CEO』가 한 인간으로서도 행복하기를 바라는 마음에서. 더불어 속으로 여기서 '맘'은 '엄마'라는 의미 외에 MOM(몸), 그리고 맘('마음'의 줄임말)이라는 의미도 넣기로 했다. 그러니까 '해피맘CEO'라는 닉네임에는 아이와 엄마가 함께 행복한 가정경영, 몸과 마음이 함께 행복한 자기경영을 하는 주체로 살고 싶다는 야망이 노골적으로 담겨 있었던 거다.

4년이 흘러 '해피맘CEO의 행복여행'을 다시 읽으니 표창장이라도 주고 싶은 심정이다. 당시로서는 이룰 수 없는 '헛된 망상'을 들킬까봐 잔뜩 겁을 먹은 듯 양 소심하게 선언했지만, 4년이라는 시간이 흘러 되돌아보니 개인으로서도, 가정의 경영자로서도 너무나 훌륭하게 목표를 향해 가고 있는 것이 확인되었기 때문이다. 게다가 그 시간을 통과하며 이제는 결과 뿐 아니라 그곳으로 가는 과정까지도 오롯이 '나로 살아가는 기쁨(아난다)'임을 알아차릴 수 있었으니 여기서 무엇을 더 바란단 말인가?

또 다른 나, 소나의 <아이를 기다리는 시간>

6주차의 주제는 나와 가족, 그리고 내가 사랑하는 사람들의 행복이었다. 나의 장례식을 치르고 난 뒤에 만나야 할 것은 다시 지금의 내 삶이었다. 다시 내 삶으로 돌아와 나의 행복을 들여다볼 차례였다. 그게 내가 인생을 살아가는 의미이므로.

나와 가족의 행복은 별 게 아니었다. 우주를 구하는 일이 아니었다. 가족과 재미있게 지내는 것, 가족의 건강과 평온, 나답게 사는 것, 사랑을 나누는 것. 행복은 아주 작은 것인데 우리는 다른 곳을 바라보다 자꾸 그것을 놓친다.

아난다 선생님은 나를 충분히 돌보다 보면 잔에 물이 차고 나면 넘쳐흐르듯 내 안의 것이 차고 넘쳐 나 아닌 다른 존재를 사랑할 수 있을 것이라 했다. 죄책감을 가질 일도, 조급해할 일도 아니라고 말씀하셨다. 할 수 없을 때 못하는 것은 그저 어쩔 수 없는 일이다.

운동은 인생에서 중요한 부분이다. 내 몸에 집중하는 시간. 걷기, 산책, 요가 무엇이든 상관없다. 5분만 내 몸에 집중할 수 있어도 에너지를 전환할 수 있다. 어떻게 해야 내가 휴식할 수 있는지, 리프레쉬 할 수 있는지 내 몸의 상태를 잘 관찰하면서 찾아가는 과정을 반드시 거쳐야 한다.

아난다 선생님은 시가 삶에 등불이 되고, 내가 한 발 한 발 내딛는 데 내가 기대하지 않는 방식으로 작용할 것이라고 했다. 누군가의 어깨를 빌려주는 존재가 시인이라고. 선생님은 나에게 나는 이미 시처럼 살고 있다고 말씀해주셨다. 나의 삶을 살게 되면 풍요로워질 수밖에 없다고. 내가 시처럼 살고 있다는 것이 쉽게 받아들여 지지는 않았다. 그러나, 지금의 나는 내 삶을 긍정할 수 있게 되었다. 나는 시처럼 산다. 나는 지금 그러하다.

또 다른 나, 파랑의 <아이를 기다리는 시간>

6주차 과제는 나는 무엇을 위해 사는가? 가족의 행복은 무엇이고, 나는 무엇을 도울 수 있는가? 탐색해보는 활동들이었다. 늘 사랑을 갈구하지만 허기지기만 했던 삶, 어려서 충분한 사랑을 받지 못한 탓이라고 원망만 하며 살던 삶, 내 가슴에 채워지지 않은 사랑을 자식들에게는 내줘야 한다는 데서 오는 버거움, 거기서 오는 고통. 지나온 내 삶은 그랬다.

이번 과제를 하며 비로소 나는 사랑하기 위해, 사랑받기 위해 살고 있음을 더 진하게 깨달았다. 결핍에 기반한 애씀이 아닌 내 안에 차오르는 사랑을 온전한 마음으로 나누는 그 삶을 위해 사는 것 같았다.

가족의 행복을 찾기 위한 작은 여정이 되었던 한 주! 남편과 아이들을 인터뷰하며 그들의 목마름을 확인할 수 있었고 내가 채워줄 수 있는 부분이 무엇인지도 알 수 있었다.

우리들의 이런 탐색과 기록들이 내게 지금 필요한 경험들이 무엇인지 자각할 수 있는 기회를 주고, 깨어있는 상태로 삶에 임하도록 돕고 있음이 분명하게 느껴졌다. 이번 줌미팅을 통해서는 2가지 깨달음이 있었다.

① 내 삶의 현장에서 기쁨과 접속하는 힘을 키우자!

그동안 머리를 쓰는 작업에 열을 올리며 살았던 나. 책 읽고 깨달음을 얻으며 지적으로 충만해지는 그 느낌에 중독되어 내 삶의 현장을 외면해 온 부분이 없지 않았다. 특히나 남편의 작업 현장은 내가 있을 곳이 아니라는 생각으로 거부해왔다. 나만의 일이 있을 거라는 막연한 기대와 희망으로 나의 도움이 필요한 그 사람을 알게 모르게 외면해왔다. 이 삶의 현장을 벗어나야만 행복이 있을 거라는 편견을 돌아보게 되었다.

〈공간살림〉 100일 발표회를 할 때 만났던 닉네임 '일상모험가'가 그렇게 맘에 들더라니. 지금 다시 한번 그 닉네임을 가슴에 새긴다. 일상에서 모험을 즐기리라. 벗어나려고만 애쓰지 말고 내 삶의 현장에서 더 많은 것을 체험하라. 몸을 쓰는 곳에 삶이 있다. 내 삶의 현장을 진심으로 사랑할 수 있는 그 날을 위해 여기서 몸을 써보자.

② 운동은 멈춤에 의미가 있다!

운동을 왜 하는가? 그 또한 해야 할 일이 되어서는 안 된다! 멈춤에 의미가 있다. 무의식적으로 흐르는 삶을 멈추고 몸에 집중해보는 시간을 가지라는! 단 5분이라도 그것으로 충분하다는 아난다 선생님의 말씀이 깊이 와닿았다. 돌아보니 운동을 해야할 일로 여기고 있었다. 결과(보여지는 성취량)를 중시하고 있었다. 몇 보나 걸었는지 수시로 체크하며 걷고 있었다. 이렇게 해서 어떻게 몸과 만날 수 있었겠는가 싶다.

얼마 후 산책을 하며 숲의 냄새를, 바람의 감촉을, 새소리를 내 몸이 어떻게 느끼고 있는가에 집중하며 걸었다. 충만해지는 몸의 감각, 경쾌해지는 발걸음을 느끼며 이런 것이 몸과 만나는 거구나 싶었다.

가족들을 도울 수 있는 이 삶의 현장에서도 나는 충분한 기쁨을 만날 수 있다는 믿음이 생겼다. 인터뷰하면서 알게 된 가족들의 행복을 위한 내가 할 수 있는 미션들 아주 멋지게 실행해보자!!!

제7주 새 삶을 채울 100가지 기쁨들

♥ 다시 태어난 내게 주는 100가지 선물

1. 〈아이를 기다리는 시간〉 출간하기

2. 자기 삶을 좋아하는 엄마 되기

3. 자기 삶을 좋아하는 엄마가 되고 싶어하는 이들 도와주기

4. 베스트셀러 작가 되기

5. 〈아이를 기다리는 시간〉 매 학기 진행하기

6. 〈아이를 기다리는 시간〉 동문 네트워크 만들기

7. 방학 때는 긴 여행하기

8. 세바시 강의하기

9. 아이들이 가진 장점의 씨앗에 물주기

10. 아이들이 자기 삶을 좋아할 수 있도록 힘껏 도와주기

11. 월 200만원 고정수입 만들기

12. 매년 1권씩 책쓰기

13. 채식주의 실천하기

14. 깔끔한 피부 갖기

15. 탄력 넘치는 요기니 몸매 갖기

16. 파워포인트 활용능력 키우기

17. 독서심리치료사 자격증 따기

18. 진로독서 자격증 따기

19. 온 가족을 위한 홈스쿨 커리큘럼 만들기

20. 감사일기 쓰기

21. 칭찬일기 쓰기

22. 아이들을 위한 경제책 쓰기

23. 세계적인 해피맘CEO 진로학교 네트워크 만들기

24. 해피맘CEO 진로학교 수업 동영상 강의로 만들기

25. 1주 1회 가사도우미 쓰기

26. 깔끔하게 정리된 옷장 갖기

27. 책 쓰고 씨앗 책 정리하기

28. 빨래 잘 되는 세탁기 갖기

29. 깔끔한 침구(손님용 포함) 갖기

30. 손님맞이 요리 익히기

31. 아이들 옷 깔끔하게 입히기

32. 아이들이 원하는 배움에 돈 아끼지 않기

33. 내 일로 인정받기

34. 아이들에게 영감을 주는 엄마되기

35. 스스로를 충분히 안아주기

36. 이 모든 것이 없어도 존재 그 자체로 소중한 사람임을 기억하기

37. 나와 가족이 원하는 것은 아낌없이 지원하기

38. 존재 그 자체로 이미 충분하다는 그 느낌을 연습하기

39. 아침에 일어나 거울보고 사랑한다고 말해주기

40. 스스로에게 무슨 일이 있어도 자신을 버리지 않으리라는 확신 심어주기

41. 이만하면 충분하다고 말해주기

42. 스스로의 가치에 자부심 갖기

43. 결핍에 쫓겨서가 아니라 충만함으로 일을 즐기기

44. 나의 장점에 물주기

45. 자꾸 흔들림을 부끄러워하지 않기

46. 그럼에도 불구하고 다시 시작하는 힘을 가진 스스로를 자랑스러워하기

47. 가진 것에 감사하기

48. 이만큼 열심히 살아준 스스로를 인정해주기(나 자신에 상주기)

49. 엄마, 시부모님, 남편에게 마음을 담은 손편지 쓰기

50. 이 정도면 훌륭함을 인정해주기

51. 자부심을 갖기에 부족함이 없음을 받아들이기

52. 나의 몸과 마음을 충분히 돌보기

53. 내 안의 불안이 느껴지면 충분히 귀기울여주기(맘껏 글로 표현해보기),
    그리고 그 시간 아까워하지 않기

54. 나 스스로를 일으켜 세우기

55. 나를 평화롭게 하는 음악 리스트 100개 만들기

56. 단순한 삶 실천하기

57. 작가로서 일상 구축하기(매일 쓰기, 1주일에 1편은 공개하기)

58. 매일 정해진 시간, 글로 출근하는 삶 살기

59. 내 리듬 존중하기

60. 대한민국 모든 가정이 믿고 활용할 수 있는 '해피맘CEO 진로학교' 커리큘럼 만들기

61. 온 가족 영어연수 가기

62. 훈이랑 함께 하는 진로 독서 책으로 펴내기

63. 아이들이 스스로 원하는 프로젝트 밀어주기

64. 아이들과 스스럼없이 소통할 수 있는 시스템 갖기

65. 마음편지 필진으로 3년 연재하기

66. 영이랑 도서관 다니기

67. 최강의 초중등 진로독서 프로그램 구축하기

68. 내가 가진 자원으로 할 수 있는 최고의 나 만나기

69. 고치의 시간을 보내고 있는 스스로를 많이 칭찬해주기

70. 책을 통한 꾸준한 자아탐색의 성과를 입증하기

71. 아이들에게 공부하는 기쁨 전하기

72. 언젠가 이 치열했던 시기를 기쁘게 추억하기

73. 자기 삶을 일으키려는 이들에게 희망의 증거 되기

74. 지금이 내 삶의 가장 결정적인 시기임을 알아차리기

75. 어떻게든 돌파하기

76. 이런 시기를 보낼 수 있음을 기뻐하기

77. 비로소 깊은 인생의 주인공이 되었음을 축복하기

78. 이 뜨거운 경험을 전할 수 있는 목소리 갖기

79. 투입만 많고 보이는 성과는 없는 이 지질한, 그러나 반드시 필요한 시기를 잘 지켜주는 것이 진짜 '사랑'이고 '믿음'임을 깨닫기

80. 진짜 '사랑'을 할 수 있게 해달라는 간절한 기도에 응답받음을 기뻐하기

81. 어떤 순간에도 스스로를 긍정할 수 있는 능력이 그리 탐내던 '멘탈 갑'의 핵심역량임을 온 몸으로 이해하기

82. '자기 삶을 좋아하는 사람'으로 변신하는 과정 중에 있음을 기뻐하기

83. 눈에 보이지 않는, 그러나 꾸준히 축적되고 있는 성과를 알아보는 눈 갖기

84. 이 시기가 두려워 자기 삶을 시작하지 못하는 이들에게 영감을 주는 삶 살기

85. 내가 이 모습으로 세상에 온 이유가 있음을, 나의 쓸모를 의심하지 않기

86. 이리도 간절한 나 자신을 위해 할 수 있는 모든 지원을 아끼지 않기

87. 진짜 사랑을 알아가고 있음을 기뻐하기

88. 이런 시간을 내게 주신 신께 감사하기

89. 내 삶의 필수 영양소였던 '인정감' 결핍의 시기. 외부에서 섭취하지 않아도 내 안에서 필요한 성분을 만들어 내는 능력이 있음을 만끽하기

90. 모든 것이 내 안에 있음을 알아차리기

91. 더 늦기 전에 내가 원하는 그 길의 밑바닥을 경험할 수 있음에 감사하기

92. 이 모든 것이 필요한 만큼 단단해지기 위한 과정임을 알아차리기

93. 엄마가 이런 시기를 보내는 과정을 아이들과 함께 나눌 수 있음에 감사하기

94. 이번이 끝이 아님을, 온전한 체험으로 다음을 두려워하지 않는 힘 갖기

95. 이 모든 것이 사랑이었음을 알아차리기

96. '이런 나도 사랑해줄 수 있어?' 하는 내 안의 상처 입은 아이의 질문에 '그럼, 당연하지. 그럼 사랑하고 말고. 그것이 내가 세상에 온 이유인걸. 너를 품어주는 것이 내가 살아있는 이유인걸.'하고 흔쾌히 말할 수 있게 된 자신을 기뻐하기

97. 지금 이 순간의 이 충만함을 필요한 사람들에게 전할 수 있는 삶 살기

98. 내 안의 '힘'을 믿고 원하는 바를 행하기

99. 이 '사랑'을 보다 많은 사람들에게 전하기

100. 세상 모든 사람들이 사랑의 충만함 속에 살아갈 수 있도록 도와주고 지켜보기

더 인정받으면, 더 사랑받으면, 더 부유해지면 자신을 좋아할 수 있게 될 거라고 믿었습니다. 스스로에게 요구하는 조건은 늘 지금 여기의 나를 넘어서는 것이었습니다. 이룰 수 없는 꿈을 가져야 한다는 말을 쉬지 않고 자신을 채찍질해야 한다는 의미로 이해했습니다. 그렇게 피투성이가 된 채로 하나씩 꿈을 이루어갔습니다. 삶의 모양새는 점점 그럴듯해졌지만 이상하게도 제가 좋아 지지가 않았습니다. '네가 이뤄낸 것들을 봐. 대단하지 않아? 이 정도면 괜찮은 거 아냐?' 아무리 달래봐도 완강했습니다. '아직 가야 할 길이 멀었나 보다. 조금만 더 똑똑한 나였더라면 지금보다는 훨씬 수월하게 그곳에 도달할 수 있었을 텐데' 그렇게 아쉬움은 깊어갔습니다. 좋아지기는커녕 스스로가 점점 답답하게 느껴졌습니다.

이 글을 시작할 때 만해도 아직 제가 충분히 행복하지 않은 이유가 내 이름으로 된 책을 갖지 못했기 때문이라고 생각했습니다. 책을 갖게 되면, 그렇게 내 세계를 갖게 되면 남에게도 스스로에게도 더 당당해질 수 있을 거라고 생각했습니다. 그렇게 벌써 7주가 흘렀습니다. 솔직히 이런 기록들로 책이 될 수 있을지는 여전히 의심스럽습니다. 그런데 이젠 그런 것들은 아무래도 좋다는 마음이 듭니다. 이번 주 새로운 나에게 주는 100가지 선물을 작성하면서 많이 놀랐습니다. 처음에는 늘 하던 대로 갖고 싶은 것들, 하고 싶은 것들을 생각나는 대로 나열하면서 시작했습니다. 그런데 뒤로 가면서 놀라운 일이 일어났습니다. 그리고 96번에 이르렀을 때 손가락이 저절로 움직이기 시작했습니다.

고마워. 나는 내가 날 버릴 거라고 생각했어. 내가 좋아하는 나는 예쁘고, 똑똑하고, 깔끔하고, 현명한 빛과 같은 존재일 뿐이라고 믿었어. 그래서 불안했던 거야. 사랑받으면 받을수록 더 불안해졌지.

그런데 이젠 널 믿을 수 있을 것 같아. 나를 위해, 나의 이야기를 듣기 위해 귀기울이는 너. 엉망진창 무슨 소리를 쏟아내는지도 모르는 이야기를 위해 기꺼이 시간을 내는 너를 이젠 더 이상 의심할 수가 없으니까. 나의 어두움까지도 가슴 깊이 품어줄 준비가 되어있는 너. 이제는 나도 투정 그만 부릴게. 나도 힘을 내 볼게. 내게 받은 사랑으로 훨씬 더 건강해졌거든.

그동안 힘들게 해서 미안해. 어차피 안 될 거니까 다 포기해버리자고, 나는 도저히 못 일어나겠다고, 그냥 생긴대로 살다가 죽으면 그만이라고 억지장놓고 땡깡 부려서 미안해. 너무 무서워서 그랬어. 내가 나를 두고 가버릴까봐. 그래서 내가 나를 떠나는 쪽을 선택하려고 했던 거야. 버려지는 것이 너무 두려우니까. 어차피 넌 날 감당하지 못할 테고 언젠가는 나를 떠나 버릴 거라고 생각했으니까. 그러니 함께 힘들 때 같이 죽자고, 나도 어차피 가망없으니 여기서 나랑 같이 죽자고 때를 부렸던 거야.

하지만 이젠 달라. 어떻게든 나를 도울게. 그래서 내가 원하는, 그리고 내가 원하는 그곳을 향해 함께 가보자. 내가 무슨 힘이 될지는 모르지만 그래도 힘껏 도울게. 고마워. 나를 포기하지 않아줘서. 나를 믿고 기다려줘서. 나도 너무나 잘 살고 싶어 한다는 거, 사랑받고 싶어 한다는 걸 알아봐줘서. 사랑할 수 있는 힘이 생길 때까지 곁에 있어줘서. 정말 고마워.

미옥아. 진짜 '사랑'을 하고 싶다고 했지? 너는 정말 자신을 가져도 된다. 내가 나에게 보여준 것이 바로 그 '진짜 사랑'이니까. 새로운 생명을 탄생시키는 진짜 사랑. 너는, 아니 우리는 이제 비로소 그 사랑을 체험하게 될 거야. 이제 남은 것은 그 힘을 받아들이는 것 뿐인데 우리가 해내지 못할 이유가 없을테니까.

손가락의 이야기를 다 듣고 98번에 '내 안의 힘을 믿고 원하는 바를

행하기'라고 썼습니다. 저는 간절하게 원하고 있었습니다. 제 삶을 다시 일으킬 수 있기를. 그리고 이미 알고 있었습니다. 그러기 위해서 제가 무엇을 해야 하는지를. 겉으로 드러난 성취를 늘리는 것은 제가 원하는 바가 아니었습니다. 지금 제가 해야 할 일은 내면의 지반을 단단히 다지는 것이며, 그동안 해 온 일도 바로 그것이었음을 알게 되었습니다. 이루 말할 수 없는 충만감이 밀려왔습니다. 이젠 살았구나 싶었습니다. 바로 이 느낌이구나 싶었습니다.

'어머나, 나도 이런 일을 할 수 있다니! 이건 내가 제대로 하고 있다는 증거야. 용기도 생기는 걸. 내 속에 고치의 재료가 들어있다면, 틀림없이 나비의 재료도 들어있을 거야.'

노랑 애벌레가 말하는 고치의 재료란 바로 '자기 삶을 긍정하는 능력'이었던 겁니다. 어떤 상황에서도 자기를 수용하고, 위로하고, 격려하는 능력. 그렇게 스스로를 다시 살게 하는 힘이었습니다. 제가 이 글을 시작한 진짜 이유도 바로 여기에 있었습니다. 그러니 저는 그동안 충실히 고치의 단계를 보내고 있었던 겁니다. 언제 끝날지 기약도 없고, 잘하고 있는지 아닌지 확인할 길도 없는 고독하고 암담한 시기를 잘도 견뎌낸 겁니다.

그리고 비로소 맞이한 '이젠 살았구나'하는 그 느낌. 그것은 새로운 생명을 전하는 진정한 사랑, 그토록 원하던 나비의 사랑이었습니다. 99번과 100번은 당연히 '이 사랑을 보다 많은 사람들에게 전하기', 그리고 '세상 모든 사람들이 사랑의 충만함 속에 살아갈 수 있도록 도와주고 지켜보기'였습니다.

바로 이것을 위해 저는 세상에 왔는지도 모릅니다. 이것이 저를 스쳐간 모든 것들이 제게 온 이유인지도 모릅니다. 이것이 남은 삶을 통해 제가 해야 할 일인지도 모릅니다. 그리고 그것이라면 잘 해낼 자신 있습니다. 끝까지 포기하지 않고 존재를 지켜내는 힘이야말로 제가 갖고 있는 진짜 재능임을 알게 되었으니까요. 살아있다는 것이 이리도 빛나는 축복이라니!
지금 여기에 숨쉬고 있어서 참 다행입니다.

누구는 책을 읽고 자신을 합리화하는데 쓰고
누구는 책을 읽고 남을 무시하거나 공격하는데 쓰고
누구는 책을 읽고 사기를 치는데 쓰고
누구는 책을 읽고 외로움을 달래고 슬픔을 극복하고
누구는 책을 읽고 우정을 쌓고
누구는 책을 읽고 세상에 대해 배우고
누구는 책을 읽고 힘을 얻어 자기를 뛰어넘고
저는 무엇을 할까요? 여러분은 무얼 하세요?

정혜윤의 『삶을 바꾸는 책읽기』중에서

스스로가 쓸 모없는 존재일지도 모른다는 두려움을 잊게 해 주었던 일(경제력)이라는 마취제가 사라지고 나자 방치되었던 상처의 통증이 고스란히 느껴졌다. 나는 괜찮지 않았다. 머리로 아무리 괜찮다고 해도 도무지 기운을 차릴 수가 없었다. 그래서 스스로에게 그 어떤 현실적 제약도 뛰어넘는 무한한 기쁨을 선물할 기회를 얻었음에도 절반을 훌쩍 넘은 항목이 마음의 통증을 사라지게 해달라는 기도일 수 밖에 없었나 보다.

지금과 같은 통증이 계속되는 상태에서는 그 어떤 외적인 성취나 소유도 아무런 의미가 없다는 것을 뼈저리게 느꼈기 때문이었을 거다. 이로서 다시 한번 분명해진다. 나는 통증이 없는 상태를 적극적인 기쁨보다 우선적으로 선택하는 종류의 사람이었던 거다. 어찌 나뿐이랴.

지극히 평범한 우리 같은 사람들의 경우 그것이 물리적인 것이든 정신적인 것이든 기본적인 거취의 불안을 느끼는 상태에서 기쁨을 누릴 여유를 지키기는 쉽지가 않음을 다시 한번 절감한다. 결국 스스로 안정을 찾을 수 있을 만큼의 준비가 갖춰진 이후라야 그다음을 논할 수 있는 것이다.

나 역시 마찬가지였다. 4년 동안 '새 삶을 채울 100가지 기쁨들' 중 79가지가 이미 이루어져 있는 것은 그만큼 간절했다는 이야기 일거다. 만약 두려움에 압도되어 아직도 경제력이라는 마취제를 끊을 용기를 낼 수 없었더라면 지금의 나는 어떤 모습을 하고 있을까? 익숙했던 마취제없이 있는 그대로의 나와 직면할 수 있는 기회를 얻어 자신의 상태를 받아들이고 정확히 필요한 돌봄의 시간을 가질 수 있어서 얼마나 다행인지 모른다. 더군다나 내 안에 스스로를 돌볼 수 있는 힘이 있다는 것을 머리가 아닌 몸으로 직접 확인할 수 있는 기회를 통해 자기 신뢰의 기반을 다질 수 있었으니 어찌 이 감사를 말로 다 표현할 수 있을까?

기쁨리스트를 조금 더 상세히 살펴보면 다음과 같다. 우선 ▶ 독서심리치료사 ▶ 진로독서자격증 ▶ 온가족 영어연수 ▶ 1주1회 가사도우미 도움받기의 4가지는 열망자체가 사라져 삭제하기로 했다.

이를 제외하고 아직 이루어지지 않은 17개 항목중 ▶ 〈아기시〉 출간 ▶ 〈아기시〉 매학기 진행 ▶ 채식 ▶ 오피스 활용능력 기르기 등 6개가 현재 준비중이거나 진행중인 상태였다. 그리고 ▶ 베스트셀러 작가되기 ▶ 보다 많은 사람들에게 사랑 전하기 ▶ 세계적인 해피맘CEO 진로학교 네트워크 만들기 ▶ 매년 1권씩 책쓰기의 4항목은 내 소관을 떠난 신의 영역인 듯해 신께 맡기기로 한다.

그리고 남은 것이 ▶ 방학때 긴여행하기 ▶ 칭찬일기 ▶ 아이들을 위한 경제책 쓰기 ▶ 초중고등 진로독서 커리큘럼 만들기와 ▶ 훈이와 진로독서 책쓰기 ▶ 평화롭게 하는 음악리스트 100개 ▶ 동영상 강의 만들기의 7개가 아직 미결로 남아있다. 그중에 경제책과 진로독서 관련, 그리고 칭찬일기는 꼭 할 필요가 있나 아직 긴가민가한 상태. 긴 여행은 코로나로 인한 보류상황이니 결국 음악리스트와 동영상 강의 제작이 지금 당장 누릴 수 있는 기쁨인 것으로 확인되었다.

또 다른 나, 파랑의 〈아이를 기다리는 시간〉

7주차 과제는 '다시 태어난 나에게 주는 100가지 선물'이란 주제로 내 삶을 채울 100가지 기쁨을 기록해보는 활동이었다. 무한한 가능성을 열어두고 그냥 떠오르는 대로 내 삶을 채우고 싶은 경험들을 쭉 쓰면 되는 거였는데 이게 참 어렵더라는. '네가 원하는 걸 써봐. 뭐가 널 기쁘게 해? 뭘 하면 네가 좋아할까?' 아무리 물어도 쉽게 대답해주질 않았다.

늘 다른 이들이 원하던 대로 살아오던 습관 때문일 수도 있고 수많은 제약 안에 나를 가두고 살아왔던 습관 때문일 수도 있겠다. 일단 떠오르는 대로 써나가다가 문득 무한한 가능성이 있다는데, 그 어떤 제약도 없다는 데 이런 것밖에는 왜 떠오르지 않을까? 상상력이 부족한 걸까? 내가 아는 세상이 좁을 걸까? 내가 모르는 세상엔 뭐가 있나? 이런 생각을 하게 되었다.

힘들게 힘들게 70여 가지를 채웠을 때쯤 문득 눈물이 차오르면서 지금 이대로도 너무 좋은걸. 이미 너무 많은 걸 누리고 있어. 사실 더 바랄 것도 없어. 지금 이대로도 너무 좋아, 행복해. 그저 모든 것에 감사하다는 벅찬 울림을 만났다. 새롭게 내 삶을 채울 기쁨을 적어나가며 뜻밖에도 이미 누리고 있는 삶의 기쁨까지 만나게 되는 순간이었다.

줌미팅 때 선생님은 자신이 적은 기쁨 리스트 100가지를 읽으며 핵심 키워드를 발견해보라 하셨다. 내가 찾은 나만의 핵심 키워드는 바로 "나눔"이었다.

말라비틀어져 있던 나란 존재가 누군가의 나눔(관심과 사랑)으로 인해 생의 기쁨을 누리며 살게 되었다. 나도 누군가와 나누고 싶다. 죽은 존재와 다름없는 이들을 생생한 삶의 현장으로 초대하고 싶고 매 순간 찾아드는 기쁨을 누릴 수 있도록 돕고 싶다. 나누지 못한 것을 후회하며 삶을 마감하고 싶지 않다. 충분히 나누며 살았노라고, 그래서 기쁘고 감사하다는 고백을 하며 잠들고 싶다. 자신이 발견한 키워드로 일상 속에서 다양한 모험을 펼쳐보라는 선생님의 말씀에 눈물이 터졌다.

그동안 가족들에게 내어주는 그 순간조차도 언제까지 나만 이렇게 희생해야 해? 억울하고 서러운 감정을 억누르고 억누르며 괴로워했던 지난날의 나와, 내 안에 차오르는 사랑을 기반으로 기쁜 마음으로 나누고자 하는 지금의 내 모습이 교차되며 벅찬 감동의 눈물이 터진 것이다. 지금 이 순간을 오래도록 기억하고 싶다. 지난 6주차 과제를 하며 세웠던 계획들, 그리고 기쁨 리스트에 있는 채우고 싶은 경험들을 일상에서 펼쳐보며 나누는 기쁨을 만나봐야겠다.

또 다른 나, 소나의 <아이를 기다리는 시간>

우연히 지난 1월 오소희 작가님 글쓰기 수업 때 녹화해놨던 영상을 보게 되었다. 그 영상을 보고 나는 깜짝 놀랐다. 내 표정이 모든 것을 말해주었다. 나는 그때 우울증 상태였다. 나는 내가 한 번도 우울증이었다고 생각해 본 적이 없었는데 20분의 짧은 영상에서의 나는 그야말로 생기를 잃은 병든 닭 같았다.

그 영상을 보고 알았다. 내가 그때 참 힘들었구나. 내가 지푸라기라도 잡고 싶을 만큼 절박한 상태였구나. 그런데 내가 그런 상태라는 것조차 나 스스로가 알지도 못했다는 사실에 나는 좀 충격이었다. 그러나 그런 상태였음에도 나는 생의 의지가 아주 강렬한 존재였다. 아니 나는 아마 신의 특별한 사랑을 받고 있는 존재였나 보다. 바로 그 시점에 나는 〈공간살림〉을 만났으니 말이다.

〈공간살림〉을 시작하고 조금 살만해지자 나는 〈느린 독서회〉를 시작했고, 큰아이가 1학년이 되는 육아휴직 시기에 운명처럼 〈아이를 기다리는 시간〉 프로그램을 시작하게 된 것이다. 모든 것이 이미 준비되어 있었던 것처럼 하나씩 하나씩 내게로 왔고, 나는 한발 한발 내디딜 수 있었다.

7주에는 내 삶을 채울 100가지 기쁨을 창조하는 것이 과제였다. 〈공간살림〉하면서 한번 해보았던 과제였는데 그때와는 또 다른 느낌으로 과제를 할 수 있었다. 그러나 거의 비슷했던 지점은 나 스스로가 세운 어떤 한계를 벗어나지 못한다는 것인데 그것을 알아차린 것만으로도 앞으로 더 큰 발전의 가능성이 있다고 생각한다.

이번 미팅을 통해 내가 나를 어떤 테두리 안에 가두고 나의 한계를 제한하고 있었던 것이 아닐까 하는 깨달음이 있었다. 나의 능력과 내 안의 힘에 대한 상상의 범위도 내가 상상하는 것 이상일 수 있는 것이다. 그러니 나는 더 마음껏, 더 힘껏 뻗어 나가야 한다. 거침없이.

입꼬리만 살짝 올려도 에너지가 달라진다. 긴장해야 할 이유가 하나도 없다. 내가 지금 어떤 감각으로 살고 있는지 알아차리는 것이 중요하다. 모든 여정에서 나를 탐구하는 시간은 필수적이다. 자기돌봄, 자기 탐험을 충분히 하고 무리하지 않는 선에서 나에게 돈과 시간을 투자해야 한다. 나만이 나의 결핍을 채울 수 있고, 그 과정을 통해 내 삶의 주도권을 회복할 수 있게 된다.

늘 미간을 살짝 찌푸리고 입술을 앙다문 나를 본다. 의식적으로 미간의 긴장을 풀고 입꼬리를 살짝 올려본다. 기분이 좋다. 기분이 좋아서 웃는 것이 아니라 웃어서 기분이 좋다는 말이 맞다. 마음이 기쁘다.

제8주 나만의 기쁨사전 만들기

♥ 나는 실제로 언제, 어디서, 누구 혹은 무엇을 향해, 왜 웃는가?

1일차

A. 시간		B. 소요시간	C. 활동	D. 역할(수혜자)	E. 기쁨
시작	종료				
6:00	6:20	20	샤워	개인(나)	상
6:20	7:10	50	자기변형게임설명서& 카드 살펴보기	개인(나)	상
7:10	7:40	30	아침밥	개인(나)	상
7:40	7:50	10	설거지	주부(가족)	상
7:50	8:00	10	훈이 크록스 주문	엄마(훈)	상
8:00	8:40	40	등교준비&배웅	엄마(아이들)	상

8:40	9:50	70	요가	개인(나)	중
9:50	10:10	20	이동중 지인통화	개인(나)	상
10:10	10:30	20	발레학원 방문	개인(나)	상
10:30	11:40	70	녹음파일찾기&녹음기 설치	개인(나)	상
11:40	12:10	30	3P프로과정 등록	개인(나)	상
12:10	12:20	10	빨래널기	엄마(가족)	상
12:20	13:35	75	자기변형게임 리뷰	개인(나)	상 완전 흥미진진
13:35	14:50	75	영이 치과, 놀이터	엄마(영)	상
14:50	15:10	20	간식장보기	주부(가족)	상
15:10	15:30	20	아이들과 함께 간식	엄마(아이들)	중
15:30	16:00	30	친구랑 대화	개인(나)	중
16:00	16:40	40	게임리뷰	개인(나)	상
16:40	17:00	20	영이 수영장	엄마(영)	중
17:00	18:20	80	게임리뷰(수영장)	개인(나)	상
18:20	19:30	70	저녁	엄마(아이들)	상
19:30	21:30	120	게임리뷰	개인(나)	상
21:30	21:50	20	영이 친구 배웅	엄마(영)	중
21:50	22:40	50	아이들 재우기	엄마(아이들)	상
22:40	23:00	20	잠들기	아내(남편)	상

일주일간 시간가계부를 쓰면서 참 열심히 사는 사람임을 절감합니다. 더 이상을 요구한다는 것은 가혹한 일입니다. 생활만족도 역시 크게 떨어지지 않았습니다. 1년 전에는 '가사' 항목에서 '하'가 많았는데 이번에 해보니 가사 영역에서도 그럭저럭 만족을 느끼고 있는 걸로 나타났습니다. 익숙해졌나 봅니다. 다행입니다.

'상'으로 표현된 항목은 제가 중요하다고 판단한 과제를 잘 해냈다는 느낌이 들 때였습니다. 워낙에 정돈된 일상이니 중요하지 않은 일이 배치될 리가 없고 그렇다면 만족도는 순전히 '효능감'에 좌우된다는 이야기. 여기서 요즘 느끼는 우울의 정체가 분명해집니다.

가장 많은 시간을 쏟아붓는 활동인 집필에서 좀처럼 효능감이 느껴지지 않습니다. 나 혼자야 얼마든지 재미있는 활동이지만 이게 과연 다른 사람에게도 의미 있을까? 읽기가 괴로운 글은 아닐까? 책을 목적으로 한다면 필연적으로 다른 사람의 평가를 의식하지 않을 수 없지 않은가? 나 잘하고 있는가? 에 대한 끊임없는 의심.

하지만 또 알고 있습니다. 이 또한 피할 수 없는 과정이라는 것. 이런 번뇌에도 불구하고 끝까지 하는 사람이 이기는 사람이라는 것을. 처음부터 잘 하는 사람이 어디 있을까요? 이런 좌절의 순간들의 모이고 모여 조금씩 나아져 가는 것이겠지요?

안 해도 되는 거라면 지금까지 붙들고 있었을 리가 없습니다. 그러니 지금 단계에서 '잘'한다는 것은 어떤 상황에도 손에서 놓지 않는 것입니다. 지금 더할 나위 없이 잘하고 있다는 의미입니다. 이 시기를 견뎌냈다는 것이 내가 스스로에게 주는 가장 큰 선물이 될 것입니다. 하기로 한 것이니 해내고 싶습니다. 지금 이 시점에서는 '잘'했는지 아닌지를 판단할 수 있는 사람은 아무도 없습니다. 그러니 누구의 평가나 판단에도 휘둘릴 이유가 없습니다. 그저 묵묵히 하루 하루 할 일을 해나가다 보면, 그것들이 쌓여 모양새를 갖추고 나면 그것으로 무엇을 할지는 그때 궁리해도 늦지 않습니다.

엄마로서도 가장 결정적인 시기를 맞고 있는 건지도 모릅니다. 자신이 정한 길을 가는 사람이라면 누구나 겪게 될 시간, 어떻게든 버텨내야 하는 시간을 다루는 법을 보여줄 수 있는 절호의 기회입니다.

'중'으로 표시된 시간들은 이걸 잊은 순간들이었습니다. 마음에 번뇌가 남아있는 상태에서는 뭘 해도 제대로 몰입이 되지 않았습니다. 그 상태에서는 무엇을 해도 만족스럽지가 않습니다. 그러니 스트레스 관리란 얼마나 중요한 것인가요?

'실패자'가 될까봐, 그리 비춰질까봐 두렵다고 했습니다. 인정받지 못할까봐 두렵다고 했습니다. 하지만 대체 무엇이 실패일까요? 마음이 어수선하여 지금 여기에 몰입하지 못하는 것보다 더 분명한 실패가 있을까요? 다행히 감정이 내 자신이 아니라는 것 정도는 알아차리게 되었으니 우울감이 밀려오면 '왔니?'하고 알아보고 넓은 하늘에 자유롭게 풀어줘 버리려고 합니다. 그것은 쉬나 응가를 하는 것과 마찬가지입니다. 죄책감을 가질 것도 없고 부끄러울 것도 없습니다.

'잘'하고 싶어 하고 확인받고 싶어 하는 것은 오랜 마음의 습관입니다. 그 습관 덕에 얻은 것도 참 많습니다. 하지만 그것은 누군가의 가이드에 의해 주어진 길을 따라갈 때나 유용한 습관입니다. 지금은 상황이 다릅니다. 내가 주인이 되는 나의 프로젝트를 진행하고 있는 지금, 그 어느 누구도 내가 잘하고 있는지 아닌지를 확인해 줄 수가 없습니다.

아직은 스스로에게조차 판단을 받을 수 없는 상황입니다. 만들어지지도 않은 작품을 무슨 수로 평가한다는 걸까요? 지금은 좌절에 적합한 시기가 아닙니다. 하루하루 정해놓은 작업을 해냈다는 것 자체가 칭찬받아 마땅

한 성과입니다. 지금 내가 정성을 다해야 할 단 한 가지입니다.

이것 말고는 다른 생각이 올라오거든 그냥 훨훨 풀어줘버리기로 합니다. 아니 혹시나 그것조차도 어려운 날이 있다면 그마저도 놓아주기로 합니다. 그래야 다음 순간을 살릴 수 있으니까. 그렇게 살아있는 시간을 늘리는 것이 지금 여기서 기대할 수 있는 '최선의 성공'일테니까요.

일주일 동안 단 한 번의 '하'가 있었습니다. 새벽에 일어나 자는 동안 와 있던 카톡 메시지에 답변하느라 시간을 보냈습니다. 결국 그 시간 해야 할 일을 하지 못했고, 정성스레 보낸 카톡 메시지에 대한 반응도 싱겁기 그지없었습니다. 나는 무엇을 기대하고 그 귀한 시간에 그런 선택을 했던 걸까? 자신에게 화가 났습니다. 다시 한번 절감합니다. 그들의 반응은 내 통제 범위 밖이라는 것을. 연연할 일이 아닙니다. 그러나 그 시간 내가 무엇을 할 것인지는 순전히 내게 달린 문제입니다. 꾸준한 투입이 필요한 시기입니다. 투입만 있고 산출은 없는 시기. 힘든 시기가 분명합니다. 이럴 때 나를 지킬 수 있는 것은 스스로에 대한 성실함뿐입니다. 이 영양소가 결핍되면 결코 원하는 그 날을 맞을 수가 없습니다. 명심할 일입니다.

다시 한번 말합니다. 나는 요즘 더할 나위 없이 잘살고 있습니다. 씨앗을 심자마자 수확할 열매가 없다고 좌절하는 것은 어이없지 않은가요? 지금은 하루하루 정성으로 물을 주며 기다릴 때입니다. 물을 주는 그 행위 자체가 곧 기쁨이자 성과입니다.

깨달음에 이른 부처도 마라의 괴롭힘을 받았듯
우리 역시 끊임없이 고통받으며 삶을 이어간다.
그러나 그 고통을 보지 못한다면,
우리는 평생 그 고통에서 벗어날 수 없다.
잠시 멈춤, 직시, 직관, 바라봄 그리고 받아들임,
그리고 나면 우리는 무엇을 선택할지 여유가 생긴다.

타라 브랙의 『자기돌봄』 중에서

4년 전 나와의 만남

4년 전에 써 놓은 시간 가계부를 읽으며 입이 딱 벌어졌다. 만약 그때로 다시 돌아간다면 나는 다시 이렇게까지 할 수 있을까? 언제 땅이 되어줄지, 아니 과연 땅이 될 수 있기는 한지 기약도 없는 상태에서 한 삽 한삽 정성을 다해 늪을 메워가던 시기. 위로와 격려가 부족한 것이 아니었다. 주변에는 선의 충만한 좋은 사람들이 넘쳐나고 있었지만 그 어떤 말도 '위로'가 되지 않았다.

그것이 그간의 공부 덕분이었는지, 그저 체험적인 깨달음이었는지는 분명치 않다. 하지만 그 때의 나는 분명히 알고 있었던 것 같다. 우주를 통틀어 나를 구할 수 있는 유일한 존재가 '나 자신'뿐임을. 믿고 의지하던 아버지와 스승이 모두 세상을 떠난 그 자리에서, 나 자신을 살릴 수 있는 유일한 길은 스스로의 부모가 되고, 스승이 되는 것뿐이라는 것을.

암담하고 막막한 시간이었지만 돌이켜보니 이 자각이야말로 내 삶의 가장 결정적인 터닝 포인트가 되었음을 부정할 수가 없다. '사랑받기 위해' 사는 존재에서 '사랑하며' 사는 존재로의 전환.

도저히 의심할 수가 없다. 그림자의 어둠이 빛의 밝기에 비례하듯, 빛의 찬란함 역시 그림자의 어둠에 비례하기 마련이라는 태극의 이치, 우주 변화의 원리. 덕분에 어둠에 대한 두려움에 조금은 더 담대해질 수 있을 것 같다. 삶이라는 스승이 내게 준 가장 큰 선물인 듯하다.

또 다른 나, 소나의 <아이를 기다리는 시간>

지난 주에는 나의 하루를 30분 단위로 쪼개어 나의 일상을 점검해 보고 기쁨의 만족도를 구분하는 시간을 가졌다. 누군가 나를 CCTV로 감시하고 있다는 느낌이 들어 조금 피곤하기는 했지만 나의 일상을 알알이 들여다보고 일상에서 내가 하는 일에 대한 의미를 되짚어 볼 수 있어서 의미 있는 시간이었다.

5일치를 모아 정리해 보니 내 일상에는 만족도가 높은 기쁨이 가득했다. 그것은 내가 선택한 순간순간들의 결과였고, 나는 그 행동을 할 때는 의식하지는 못했지만 내 하루를 기쁨으로 채우고 있었다.

'나는 나 스스로를 기쁘게 할 수 있는 존재다' 아난다 선생님은 말씀하셨다. 우리가 알아차리지 못하더라도 땅과 하늘의 에너지가 우리와 연결되어 있다고. 그러니 절대적인 안전한 곳에서 무엇을 해도 환영받고 어떤 것도 시도할 수 있다고.

우리는 사회적 의무(다르마)를 벗어나기 힘들다. 나의 사회적 의무 한가운데서 우리가 할 수 있는 것을 찾아 발견하고 이 역할이 끝날 때 즈음 내 전문분야 하나를 갖게 되는 것. 아난다 선생님의 말씀처럼 어쩌면 나는 지금까지 이것을 찾아 이토록 헤매었는지 모른다. 그리고 나에게는 그 통로가 〈공간살림〉, 〈느린 독서회〉, 지금 진행 중인 과정 〈아이를 기다리는 시간〉 프로그램이었다.

내가 가지고 있는 자원을 꼼꼼히 살피고 나에게 맞는 활동을 충분히 소화하고 그것을 통합하여 시스템화하는 것. 아난다 선생님은 이것이 이 프로그램의 최종 목적이라고 하셨다. 나의 리듬으로 살기 위한 시스템을 만드는 것. 나의 리듬을 풍요롭게 하는 것. 의미 있는 흐름에 몸을 싣고, 다른 사람과의 공명을 통해 나를 치유한다. 그것은 내 삶을 더 풍요롭게 할 것이다.

내가 가치 있다고 생각하면 어렵고 힘든 일도 기꺼이 한다. 내가 가치를 두는 일은 무엇인가? 우리가 주도권을 가지기 위해서는 정서적, 경제적 자립을 해야 하는데 정서적 자립이 경제적 자립보다 우선순위가 되어야 한다. 그러나, 그럴 수 있기 위해 우리가 꼭 알아야 할 것은 내 몸을 충분히 열어놓아야 한다는 것이다. 내 몸을 충분히 열어놓기만 해도 엄청난 축복 같은 에너지가 쏟아 진다.

우리는 머리로는 모르는 것이 없다. 그러나 아는 것만큼 자주 잊는다. 머릿속에 지우개가 있는 것처럼 잊는다. 그러니 우리가 늘 알아차릴 수 있는 나에게 가장 편안한 수련 환경을 만드는 것. 그것이 필요하다.

위에서 정리한 나의 시스템을 만드는 것과 같은 맥락이다. 8주차 워크숍을 통해서 나는 나를 더 이해할 수 있었고 또 나와 세상을 연결하기 위한 지점에 한 걸음 다가섰다. 귀하고 소중한 시간이다. 땅과 하늘의 무한한 에너지가 나를 향해 쏟아지고 있다.

또 다른 나, 파랑의 <아이를 기다리는 시간>

무엇을 의식하며 살고 있는가? 나는 끊임없이 남들을 의식하며 살아왔었다. 이번 주는 나를 의식하며 살아보는 한 주! 정확하게 이야기하자면 내 삶에 의식의 빛을 비추며 살아가는 한 주였다. 내가 어떻게 살고 있는지 이렇게 주도면밀하게 살펴본 건 처음이었다. 30분 단위로 내 삶을 관찰하고, 그 활동이 주는 만족도를 상중하로 나눠보는 활동이 이번 주 내게 주어진 미션이었다.

물론 내 일상이 관찰·기록되고 있다는 것, 그리고 그 결과를 누군가와 나눠야 한다는 것을 의식한 나머지 평소의 삶을 온전히 담았다고는 할 수 없지만 나름 유의미한 결과값을 얻었다.

일주일간의 삶의 기록들을 보고 알게 된 점!

① 가사노동의 만족도가 상당히 높아졌다. 1년 전만 해도 주부의 역할은 나에게 만족도가 가장 낮은 활동 중 하나였다. 상중하 중 '하'의 영역이었을 이 활동들이 '중'의 영역으로 올라왔다는 것은 놀라운 일이다. 아마도 <공간살림>의 힘일 것이다. 나를 짜증 나게 했던 무가치한 일들이 의미 있는 활동이라는 걸 충분히 깨달을 수 있도록 해줬으므로.

② 나 자신을 위한 활동이 매일 2시간 이상. 결혼 후 나란 존재를 잃은 것 같아 우울한 시간들을 보냈다. 나를 돌보는 삶을 시작한 이후 꾸준히 날 위한 활동들을 이어가고 있구나. 나의 삶을 기쁘게, 의미 있게 채워나가고 있다는 믿음이 생긴다.

줌 미팅 때 아난다 선생님은 필살기란 일상을 수련터로 삼고 만들어야 한다고, 내 안에 있는, 내가 가진 것을 자원으로 써서 만들어야 한다고 말씀하셨다. 사회적 의무나 역할을 다하는 그 과정을 배움의 과정으로 삼을 수 있다면, 거기서 얻은 깨달음을 연결하고 종합할 수 있다면, 그 의무조차 기쁨의 원천일 수 있음을 깨닫고 주어진 기쁨을 다 누리며 그 역할이 끝날 무렵 나만의 전문성(필살기)을 갖게 될 수 있을 거라는 말씀도 해주셨다.

내 삶을 이렇게 주도면밀하게 관찰한 것은 내 삶에서 자원을 찾는 활동이자, 기쁨을 발견하는 과정이었구나. 더불어 내 삶의 현장에서 나만의 필살기를 마련할 수 있다는 가능성을 확인하는 여정이었구나.

줌미팅 때 또 한 번 뜨거운 시간을 만날 수 있었다. 바로 자기 연결의 시간, 선생님의 안내에 따라 잠시 명상에 이른다. 내 안으로 파고 들어가는 시간, 몸의 감각들을 하나하나 섬세하게 느껴보는 시간. 몸 밖에서 몸 안으로 에너지가 들어오고 나감을 느껴보는 시간. "우리가 알아 차라지 못하는 사이에도 우리는 하늘과 땅의 에너지 흐름 안에 있다. 그걸 자각하지 못할 때 불안하고 힘든 것이다. 그 어떤 것도 우리를 해치지 않고, 절대적 안전 상태에 있다면 어떤 몸의 감각을 가지게 될까? 무엇을 해도 환영받고, 무엇을 해도 위험하지 않은 상황에서는 우리는 어떤 것을 더 시도하게 될까?"

오랫동안 여운이 남는다. 실패할까 봐, 결과적으로 불안전한 상황에 놓일까 봐 두려워 시도하지 못했던 무수히 많은 것들이 스쳐 지나간다. 멈추고 들여다본다. 모든 에너지의 흐름 속에 내가 있다는 것을! 절대적으로 안전한 그 상태에 내가 머무르고 있음을! 그 온전함을 몸으로 충만하게 체험하며 두려움 없이 그 무엇이든 시도해보고 싶다.

우리는 자립해야 한다! 정서적으로나 경제적으로나 모두! 내 삶의 주도성을 회복함으로써 우리는 자립할 수 있을 것이다. 내게 어떤 의미가 있는지 선명하지 않으면 지속하기 어렵다!! 선생님의 말씀처럼 내 삶에 어떤 의미가 있는지 멈추어 살펴야 한다. 나는 어떤 가치를 염두에 두고 오늘을 살고 있는지, 어떤 기쁨을 발굴할 수 있을지 내 삶의 주인임을 자각하며 오늘도 나는 나의 일상을 탐색하며 만들어 나간다.

제 9 주 '나'라는 보물섬 탐험

♥ 자신의 힘으로 이루어낸 가장 자랑스러운 성취

1. 아이를 기다리는 시간

형식	예시
목표	나를 살게 했던 자기변형의 과정을 필요한 사람들과 나누고 싶었다.
장애물	마음만 있었을 뿐 구체적으로 무엇을 어떻게 시작해야 할지 막막했다.

과정	o 우선 내 변형의 과정을 복기하면서 원리를 이해하고, 그 원리를 구현하되 좀 더 가볍고 수월하게 과정을 체험할 수 있도록 모듈 디자인 o 주변에서 비슷한 문제로 힘들어하는 지인들을 돕는 과정에서 모듈의 범용성을 검증 o 필요한 사람들이 접근할 수 있도록 프로그램을 공지하고, 그들과 소통하기 위해 온라인 까페 활용 o 무료 프로그램이었음에도 불구하고 참석자 모두가 완주할 정도로 높은 몰입도, 비슷한 고민을 가진 동료들과 함께 했던 시간들을 통해 치유와 성장을 경험했다는 피드백
성과	o 꿈으로만 갖고 있던 것을 실제로 체험하면서 가능성과 한계를 직접 확인 - 참여하는 사람들의 변화를 지켜보는 과정이 행복 - 경제적 문제가 해결되지 않는 상태라 행복하면서도 불안이 가중 - 별도의 경제활동을 하면서는 도저히 할 수 없을 만큼 많은 에너지가 드는 일이라는 것을 절감 o 꿈을 현실로 만들어가는 과정에서 다음 단계의 연구문제를 도출할 수 있게 됨

2. 아이와 함께 책읽기 놀이

형식	예시
목표	아이에게 책읽기의 기쁨을 알려주고 싶다
장애물	o 쉬운 책만 읽고 싶어하는 아이 o 아이들의 바쁜 일정 o 직장생활중 일정조정의 어려움
과정	o 큰아이 초등 2학년때 아이 친구 엄마와 품앗이 육아를 해보기로 함 　- 두 아이들에게 나는 책읽기를, 그녀는 영어를 가르치기로 함 o 아이들에게 책읽기와 독후활동이 부담으로 느껴지지 않도록 부담없이 접근 　- 휴직 중이라 주2회, 원하는 책을 들고 와 함께 나누고 원하는 방식으로 표현해보도록 유도 　- 맛있는 간식과 야외활동 등으로 아이들이 그 시간을 기다리게 노력 o 1년이 흘러 복직한 후에도 주말을 이용해 꾸준히 진행 o 아이들의 성장에 맞춰 인문고전, 진로독서 등 컨셉을 바꿔가며 진행 　- 그동안 함께 하는 아이들이 바뀌기도, 잠시 쉬기도 하는 등 우여곡절 　- 지금은 4명의 아이들이 매주 만나 책을 나누는 모임으로 정착
성과	o 내향적이던 아이가 친구들과 편안하게 어울릴 수 있는 계기 　- 함께 하는 친구들과 잠옷 파티, 여행 등 상호작용의 기회를 많이 마련 o 사춘기 아들과 책을 통해 소통할 수 있는 기쁨 o 아이 친구 엄마들과도 더 깊은 관계를 만들어가고 있는 중 o 함께 하는 친구들도 규칙적으로 책을 접하고 스스로 생각하는 습관을 얻게 되었다는 피드백

3. 드림 스페이스 마련

형식	예시
목표	10년간 안정되게 살며 꿈을 펼칠 수 있는 내 공간을 갖고 싶다.
장애물	o 집 구매 타이밍에 대한 갈등 o 부족한 자금에 대한 압박

과정	o 굳이 집을 사서 부담을 질 이유가 있을까 생각해 계속 미루고 있었으나 살고 싶은 삶을 그려보는 과정에서 집에 대한 열망이 남아있음을 확인
	o 전세 만기를 계기로 집을 보러다니던 중 우연히 꿈에 그리던 집 발견
	  - 신기하게 글로 묘사해 지니고 있던 딱 그런 집이었음
	  - 예산을 넘어서는 비용에 망설이다 최종 결정
	o 적극적인 자금 조달 계획
	  - 재정상황 전반에 대한 점검을 통해 불필요한 비용 삭감
	  - 분산자산 정리
	  - 공간을 활용한 수익창출 활동 시작
	o 셀프 인테리어
	  - 도배도 하지 않고 그대로 들어와 조금씩 내 손으로 정리하고 고쳐나감
	  - 가능한 있는 자원을 활용
	  - 여전히 진행중, 공간을 가꾸고 꾸며가는 과정 자체가 삶

성과	o 명실상부한 제2의 인생 시작
	  - 머릿속으로만 시뮬레이션하고 있던 새 인생 속으로 진입
	  - 공간을 펼침으로써 현실이자 일상이 된 꿈
	  - 그토록 원하던 꿈과 현실의 정렬

o 달콤한 상상 속의 꿈에서 깨어 직접 체험해보는 본격적 꿈의 세계
 - 하루하루가 꿈을 이루어가는 과정이 됨
 - 예상했던, 그리고 예상치 못했던 어려움들에 직면할 수 있는
   기회
 - 그 어려움들을 꿈을 이루기 위한 자원으로 변형해가는 즐거움
 - 드디어 진짜 삶이 시작, 이젠 정말 있는 힘을 다해 누리는 일만
   남음

전체 가용시간 활용 내역 하루 1,440분중에서						
	개인	아내	엄마	주부	기타	수면
월	655	20	305	40		420
화	260	150	270	20	440	300
수	470	130	170	50	170	450
목	510	240	300	120		270
금	625	40	230	60	125	360
토	960	60				420
일	355		595	100		390
1일 평균(분)	547	91	267	55	105	372
1주 누계(시간)	64	10.6	31	6.5	12.25	43.5
		60.35				
1년 누계(시간)	3,327	553	1,624	334	638	2,263
10년 누계(시간)	33,270	5,530	16,240	3,340	6,380	22,630
총평	개인시간이 수면시간을 제외한 총 활동시간의 51%(547분)으로 압도적으로 많았다. 그 다음 순서가 전체 활동시간의 25%(267분)을 차지하는 엄마 역할이었다. 아내 역할을 위해서는 8%(91분), 주부 역할을 위해서는 5%(55분)을 사용하고 있었다. 주부 역할에 쓰는 시간이 적게 표현된 것은 주부 역할 중 활동의 수혜자가 분명한 활동을 그 역할 활동으로 계산했기 때문으로 보인다. 다시 말해 아이들 식사, 남편 식사 준비는 엄마, 아내 역할에 포함하고 집안 전체 청소, 빨래, 온 가족이 함께 모인 식사 등 가족 모두를 위한 보편적인 활동만을 주부 역할로 계산했다. 이 밖에 기타는 확대					

가족, 친구 등의 역할을 수행하기 위한 시간이었다. 의미있다고 판단
했으니 내 기쁨의 영역이기도 하나 기본적으로 그들의 요청에 대응하
는 활동이었기에 기타 역할 활동으로 따로 분류했다.

개인시간을 제외한 역할에 사용된 시간은 주당 총 60.35시간으로 근
로기준법상의 법정노동시간을 상회하는 것으로 집계되었다. 그러나 특
별한 피로감은 느껴지지 않았다. 모두 자발적인 선택에 활동이었기 때
문인 것으로 추정된다.

마지막으로 1일 평균 수면시간은 372분(6.2시간)으로 한국 성인 평균
수면시간인 6.3시간에 근접해 있으며, 전문기관에서 제안하는 적정수
면 시간인 6~8시간 사이에 있는 것으로 나타났다.

※ 현행 근로기준법상의 법정근로시간은 주당 40시간 (최대 노동 가능시간은 68시간)

엄마시간 활용내용 내역				
	훈(13세)	영(9세)	함께	합계
월	10	115	180	305
화	20	160	90	270
수		120	50	170
목	110	100	90	300
금	30	140	60	230
토				
일	60	535		595
1일평균(분)	32	167	68	267
1년 누계(시간)	195	1,015	414	1,624
10년 누계(시간)	1,950	10,150	4,140	16,240

총평	가장 중요한 직무로 인식하고 있는 엄마 역할의 경우 큰 아이와 작은 아이를 위해 쓰는 시간이 각각 전체활동 시간의 3%(32분), 16%(167분)이었으며, 두 아이 모두를 위해 쓰는 시간은 6%(하루평균 68분)이었다. 초등학교 2학년인 작은 아이의 경우는 배웅/마중을 비롯해 씻기기, 준비 및 숙제 돕기, 친구와의 놀이 세팅 등 돌봄 시간이 많았던데 반해 초등학교 6학년인 큰 아이는 식사/간식 챙김과 독서 수업 외에 돌봄 시간이 거의 없었다. 두 아이를 비교하니 엄마가 아이에게 직접적인 사랑을 전할 수 있는 시간이 정말로 길지 않음을 실감할 수 있었다. 아직 기회가 남아있음에 안도하며, 이미 그 단계를 지난 큰 아이를 위한 '사랑의 기술' 역시 힘껏 배우고 익혀야겠다.

개인시간 활용내용 내역 .				
	천직수련	몸건강	마음건강	합계
월	30	140	485	655
화	90	50	120	260
수	160	100	210	470
목	390		120	510
금	385	120	120	625
토	940	20		960
일	265	30	60	355
1일평균(분)	322	65	160	547
1년 누계(시간)	1,958	395	974	3,327
10년 누계(시간)	19,580	3,950	9,740	33,270
총평	개인시간은 크게 천직수련, 몸건강, 마음건강의 세 영역으로 분류해 사용하고 있었다. 작가로서의 수련인 읽기와 쓰기, 자기인식프로그램 지도자로서의 수련인 프로그램 진행, 준비 그리고 기업가로서의 수련			

을 포함하는 천직수련을 위한 시간은 1일 평균 322분, 1일 평균 투자시간을 기반으로 계산하면 한 분야에 전문가가 되기 위해 필요한 절대시간인 1만시간에 도달하는데는 대략 5년2개월가량이 소요될 것으로 예상된다.

다시 말해 천직디자인이 제대로 되었다는 전제하에 제로베이스에서 시작한다 해도 큰 아이가 대학에 들어가기 전, 작은 아이가 중학교를 졸업하기 전까지는 의미있는 성과를 기대해도 좋다는 의미. 더 분명히 말하자면 아이들이 품에서 떠나고 나도 나만의 전문성으로 세상과 만날 수 있는 시간이 기다리고 있다는 얘기다. 불안해할 이유가 없지 않은가?

휴식, 위로가 되는 책읽기 등을 포함하는 마음건강 영역을 위해서는 하루 평균 160분을 쓰고 있었다. 부쩍 산란해진 마음을 정돈할 필요에 의한 일시적인 현상일 수도 있으나 그럼에도 불구하고 마음의 평화를 얻지 못하고 있다면 뭔가 문제가 있다는 신호. 어쩌면 운동과 식사, 씻기 등 위생관리, 질병 관리를 포함하는 몸 건강 영역에 투자하는 시간(하루 평균 65분)이 적은 것과도 연관되는 듯하다.

자동으로 돌아가는 머리의 움직임을 줄이기 위해서라도 몸을 돌보는 습관적인 활동에 몰입해보는 것도 좋을 것 같다. 마음의 건강은 추구한다고 얻어지는 것이 아니라 오히려 그에 대한 집착을 잊는 순간 찾아오는 것 같기도 하다.

특히 지금처럼 과도기인 경우에는 금새 '걱정'으로 넘어 가버리는 '생각'보다는 아무 생각 없이 마음이 담기는 그릇인 몸을 쾌적하게 하는 활동량을 늘리는 것이 현명한 것으로 보인다.

또 다른 나, 파랑의 <아이를 기다리는 시간>

이번 주 내가 다뤄야 할 주제는 '자신의 힘으로 이루어낸 가장 자랑스러운 성취 3가지'였다. 근 5일간 고심했다. 이렇다 할 성취가 없는 거 같아서. 무엇을 성취했단 말인가? 남들이 인정할 만한 그 무엇도 내게 남은 건 없었다.

그러다 문득 남들이 인정할 만한 성과를 찾으려 들지 말자! 내가 인정하는, 나 스스로에게 부끄럽지 않은, 기쁨과 충만감을 주었던 그 순간의 지점에서 발견해보자 싶었다. 그렇게 찾은 3가지의 성취! 선생님이 말씀하신 '내 안에서 보물찾기'란 바로 이런 것이리라! 나의 성취 3가지를 선생님은 아주 심층적으로 파고들게 해주셨다.

① 하고 싶었던 일 - 살아남기 위한, 인정받기 위한 몸부림 - 외적 보상에 매달리는 (실존적), 교사가 되기 위해 주경야독하며 고군분투하던 시절, 최선을 다한 결과 우수한 성적을 얻었고, 교직 이수도 성공. 하지만 교원 임용고시에는 실패. 마지막 결과가 실패였기에 난 지난 모든 순간의 내 노력과 성취를 통째로 부정하고 싶었다. 부모(세상)의 인정을 받고 싶었던 나로서는 최종 결과가 좋지 않았던 이 경험이 결국 나 스스로를 실패자로 낙인찍게 만들고 말았다.

② 하기 싫었던 일 - 가족의 행복을 위해 하기로 선택 - 내적 보상이 이루어짐(본질적), 힘든 남편을 도와 축사 일을 돕기로 결정. 가족의 행복을 위해 오랫동안 지켜왔던 내 자존심을 내려놓는 일이었다. 소밥 주는 일을 2년간 해오며 남편의 고충을 이해할 수 있었고, 육체노동의 신성함을 깨닫게 되었으며, 생명과 교감하는 기쁨을 느꼈다. 하지만 문득문득 '이게 정말 내가 하고 싶었던 일인가?' 자문하며 알 수 없는 저항감을 만나기도 했었다.

③ 필요성을 느꼈던 일 - 개선, 변화, 창조를 위한 선택 - 내/외적 보

상이 이루어짐(실존과 본질의 통합), 살림의 고통에서 벗어나고자 선택했던 〈공간살림〉. 이 공간을 벗어나야만 이 지긋지긋한 고통에서 해방될 거란 생각뿐이었다. 하지만 〈공간살림〉을 하며 달라졌다. 내가 발 딛고 있는 이 현장에서 다양한 탐색이 이루어지고, 그 공간을 살피고 돌보는 일을 하는 내가 의미 있는 존재처럼 느껴졌다. 의미 있는 존재가 된 내가, 의미 있는 행위를 함으로써, 의미 있는 공간이 창조되는 일을 직접 몸으로 겪어왔다.

지금의 나를 긍정하면 나를 이루고 있는 수많은 것들도 긍정하게 되고, 것이 아이들에게 구현되어도 두렵지 않다. 모든 억압은 완결되지 못한 경험에서 나온다. 완전히 소화되면 지혜로 남는다. 아난다 선생님 말씀처럼 이번 미션은 미완성된 경험들을 마저 채워 마침내 완성시키는 작업이었다.

이게 과연 성취일까? 나조차 확신이 서지 않았던 부분들을 정성 들여 살피고 그 안에 숨겨진 의미들을 찾아 새겨넣는 작업을 통해 비로소 나의 진정한 성취, 보물이 된 것이다. 지난 나의 과업들을 빛나는 성취로 인정해주는 시간이었다.

그 성취들 속에 담긴 나의 긍정성, 생명과의 교감이 나를 기쁘게 한다는 것을 알아냈구나. 가족들과 더 깊게 연결되기 위한 선택을 해왔었구나. 적 또는 장애물을 내 편으로 만들어가는 경험, 그것들과 연결감을 만들어낼 수 있는 존재였구나. 어떤 상황에서든 최선의 선택을 했고, 기꺼이 그 선택에 책임지는 존재였구나. 빛나는 존재가 되고 싶었던 욕망이 통째로 좌절되는 경험 속에서도 스스로 다시 빛을 찾아가는 존재였구나.

그야말로 보물찾기 여정이었구나. 내 안에 숨겨진 보물들을 발견하는 시간. 나란 존재가 충분히 탐험할 가치가 있는 멋진 존재라는 걸, 깊게 깨닫게 해준 참 고마운 시간이었다.

또 다른 나, 소나의 <아이를 기다리는 시간>

7월, 나는 새로운 도전을 했다. 〈공간살림〉의 서브 진행자로 첫발을 내딛은 것이다. 나를 새로 태어나게 해준 〈공간살림〉. 내 삶의 기쁨을 발견하게 해준 〈공간살림〉. 그 〈공간살림〉을 내가 서브 진행자로서 진행하게 된 것이다. 그것은 나에게 사실 두려움 가득한 도전이었지만 나는 그 도전에 기꺼이 응하고 싶었다.

〈아기시〉 9주차는 새로 시작된 나의 도전과 나의 보물을 발견하는 귀한 시간들이었다. 아난다 선생님은 말씀하셨다. '내가 무슨 영화를 보겠다고 이러고 있나?'라는 생각이 들 때는 멈추어 자기돌봄을 할 필요가 있다는 신호라고. 〈공간살림〉을 진행하며 나는 리더가 되보는 새로운 경험을 하는 중이다. 그리고 그 과정에서의 기쁨을 알알이 누리고 있다. 기쁨에 취해 있을 것이 아니라 나의 감각들도 찬찬히 살펴보는 시간을 함께 가져야겠다.

지금의 나를 긍정하면 과거의 내가 부정하고 싶었던 나의 선택들도 긍정할 수 있게 된다. 과거에 내가 실패라고 여겼던 일들은 결국 나의 그림자의 시기였고, 그 그림자는 결국 나를 더 환히 비춰주었다. 엄마의 세상의 넓이는 아이의 세상의 넓이다. 그러니 나는 더 넓은 세상을 보고, 더 넓은 세상으로 나아가고 싶어졌다.

아주 조금씩, 내가 할 수 있는 만큼 가는 것이 가장 빠른 길이다. 당연히 지름길이 가장 빠른 길이라고 생각하던 시기가 있었다. 그러나 지금은 조금 알 것 같다. 아주 조금씩, 천천히 가는 것이 훨씬 빠른 길이라는 것을. 긴 여정에서는 현재의 가치, 기쁨을 찾아내는 것. 이것은 별표 백 개 해야 할 중요한 것이다. 내가 늘 잊지 말아야 하는 것.

오래도록 내 삶에 내가 주도권을 갖지 못했다. 그래서 나는 충분히 행복할 수 있는 상황에서도 괴롭고 힘들고 불행했다. 나는 지금 내 삶의 주도권을 점점 나에게로 돌리는 작업을 하는 중이다. 그것은 아주 천천히 진행된다. 저항감이 들어 도망가지 않게 말이다.

'눈 먼 사랑을 통과하지 않고서는 눈뜬 사랑으로 갈 수 없다'는 아난다 선생님의 표현이 주옥같다. 전문가는 사례를 많이 가지고 있어야 한다고 도 하셨다. 내 인생의 3가지 성취를 찾아보는 이번 주 과제를 하며 나는 알게 되었다. 내 삶을 하나하나 뜯어보면 모두 보물이 숨겨져 있다는 것을 말이다. 빛나는 보물들이 가득 숨겨져 있다. 내가 발견해 주기만 하면 된다.

내 삶이 상징이다. 이 연결을 내가 몸과 마음으로 이해할 수 있었던 것은 〈공간살림〉의 힘이라는 결론에 도달한다. 그래서 나는 〈공간살림〉을 그토록 애정하고 있는 것이다. 내외적으로 통합되지 않아 혼란스러웠던 것들을 통합해 나가는 과정. 그것이 〈공간살림〉이고, 나는 〈공간살림〉을 통해 내 몸과 마음을 연결할 수 있게 되었다.

모든 것은 자각하느냐, 자각하지 않느냐 그 한 끗의 차이. 그래서 내가 명상에 끌렸는지도 모르겠다. 명상이 나에게 그 한 끗을 움직였기 때문이다. 나에겐 〈공간살림〉이 명상이고 명상이 〈공간살림〉이다. 그러니 내가 명상을 따로 해야 할 필요가 있는가? 다시 또 도돌이표 같은 물음으로 돌아 온다.

제10주 나, 세상의 중심

♥ 직업 탐색

1. 다중지능 기반

제1지능(자아성찰) 추천직업	작가, 심리학자, 기업가, 자기인식 프로그램 지도자
제2지능(언어) 추천직업	작가, 경영자, 강사
제3지능(논리수학) 추천직업	과학자
교집합 직업	1. 작가(심리학자, 과학자) 2. 자기인식프로그램 지도자(코치) 3. 기업가(경영자)

2. 스트롱 직업흥미 검사

일반직업 분류(GOT)	나의 유형	ESA(진취사회예술)	
	적합 직업	광고대행업자, 엔터테인먼트매니저, 인적자원담당자, 판매부서관리자,	
	고려 직업	여행가이드, 사회사업가, 노동중재인, 학장(대학), 전문MC	
기본흥미 척도(BIS)	성직자, 인적자원담당자, 상품판매원, 영업관리자, 바이어, 배우		
개인특성 척도	업무유형	어떤 업무 유형에도 잘 적응하는 편	
	학습유형	학문적인 학습 활동 선호, 이론을 통한 장기간의 교육을 선호	
	리더십유형	책임자 역할을 선호하는 편, 지휘·통솔하는 것을 선호	
	위험감수유형	위험감수를 싫어하는 편이나 필요하다고 판단한 경우 과감히 감수함	
	팀지향유형	팀과 함께 문제 해결을 선호하는 편	

3. 검사결과 활용 천직 네이밍

Strenghfinder (강점)	집중(Focus), 배움(Learner), 최상화(Maximizer), 수집(Input), 개별화(Individualization)
다중 지능기반 교집합 직업	자기인식 프로그램 지도자, 기업가, 작가
스트롱 직업흥미검사	ESA(진취사회예술)

양육스타일(MBTI)	INTJ(전체적으로 조합하여 비전을 제시하는 사람) 자기다운 삶의 모델이 되어주는 어머니
필살기 수련 스타일(에니어그램)	3번 날개를 쓰는 2번 유형(안주인), 오만한 애정실천가
메가트랜드	고령화, 여성, 로하스, 새로운 노동의 등장
다루고 싶은 대상	엄마, 아이
관심주제	전환
천직 네이밍	해피맘CEO (자기돌봄전문가)

강점	약점 및 대안
□ **구조파악 능력** o 사물의 작용과 운동 원리에 관심이 많음 o 질문, 특히 "왜?"라고 묻는 유형의 질문을 자주함 o 사물을 모으고 분류하는 것을 좋아함 o 분석적으로 문제에 접근 o 당신은 비범한 통찰을 모으는 데서 즐거움을 얻음 o 당신이 역사에 대해 흥미를 품는 것은 스스로 품은 질문에 대한 해답을 찾기 위한 목적이 가장 큼 o 전체적인 관점에서 각 부분들의 관계를 볼 줄 알고 분석적인 사고를 함 o 사람이나 사물, 상황을 한 눈에 통찰하는 대단한 직관력 □ **대안 시스템 구축 능력** o 미래에 초점을 두는 폭넓은 관점 o 새로운 시스템을 고안하거나 구축 o 시스템을 개선하거나 큰 틀을 짤 수 있는 기획 분야 o 패러다임을 바꾸는 사람, 즉 개념의 틀을 바꾸는 사람 o 일을 보다 효율적으로 처리할 수 있는 독창적인 방법 고안	□ **완벽추구 증후군** o 자신의 필요를 거부 o 가장 큰 아킬레스건은 나는 아무 부족함이 없기에 늘 타인을 도우며 살아야 한다는 자기오만 o 자신의 실수에 대해 허용하고 여유있게 받아들이는 태도가 필요 o 다른 사람을 칭찬하는 것에 대한 훈련이 필요 o 사람들과의 관계를 형성하는 것에 대해 배우고 훈련할 필요 o 100% 노력으로 어떤 책임과 분투하길 원하기 때문에 자신의 초점과 에너지를 어디에 두어야 할 지를 모를 수 있음 o 다른 사람들을 기분 좋게 해 줌으로써 사랑을 얻으려 함 □ **한계 인정 필요** o 자신이 사랑과 돌봄이 필요한 존재임을 인정 o 한 번에 일대일로 각 아이들과 관계하는 것을 선호 o 최선의 자신이 되기 위해서는, 자기만의 시간과 공간을 가지고 자신의 내면을 들여다보고 분석할 수 있어야 함 o 다른 많은 어머니들보다 더 아이들로

o 미래의 요구를 충족시키기 위해 시대에 뒤처진 방법을 개선하고 독립적이고 혁신적이다.

o 아이디어를 가시적으로 그려낼 수 있으며, 아이디어를 행동계획으로 조직화

□ **이타적 친화능력**

o 다양한 자기 모습

o 타인이 필요로 하는 것에 몰두

o 자신이 가진 재능을 친구나 가족들과 함께 나눔.

o 좋은 뜻으로 사람들에게 도움이 된다고 여기는 일이라면 행복해하며 잘 할 수 있음

□ 행복한 성장을 돕는 능력

o 타고난 교사

o 사람들 간의 차이점을 알아차리는 능력

o 본능적으로 당신은 각 개인을 두드러지거나 특별하게 만드는 점이 무엇인지 늘 파악

o 최상의 성과를 거두도록 많은 사람들을 격려

o 당신은 사람들이 자신의 현재 상황에 대해 낙관적으로 느끼도록 돕는 경향

o 당신의 깊이 있으면서도 참신한 의견은 같은 주제에 깊은 관심이 있는 다른 사람들을 대화에 참여하도록 이끄는 경향

부터 떨어져 혼자 지낼 수 있는 시간이 필요

□ **적극적인 자기돌봄 필요**

o 나를 돌아보는 것만이 운명전환을 시작할 수 있는 길

o 타인에게 쏟는 애정의 10분의 10이라도 내게 쏟으면 굳이 다른 사람의 주목과 칭찬 없이도 스스로 행복한 삶

o 감성 충만한 사랑으로 스스로 자신의 결핍을 채울 것이냐 혹은 늘 타인에게 끌려만 다닐 것이냐

o 한 번만이라도 스스로 정한 목표를 묵묵히 달성할 수 있다면 이 과정에서 그때까지 경험해보지 못한 자기충만감을 느낄 수 있을 것

o 심연기간을 거치며 쌓은 자신의 실력을 믿고 재탄생 전 자신만의 목표를 세우고 그것만을 바라보고 가는 것

□ **말이 통하는 동료**

o 당신은 자신과 비슷한 사람들과 함께 있는 상황의 장점을 알고 있음

o 당신은 당신의 복잡하고 전문적인 용어를 이해하는 사람들에게 이야기를 할 때 인생이 훨씬 즐겁게 느낌

o 미래상에 대한 이미지로 사람들의 영감을 자극	
o 사람을 설득하고 동기를 부여하며 일을 진행하는 것을 즐김	
o 어머니로서의 INTJ는 아이들에게 자식을 전달할 수 있고 삶에 대한 관점과 중요한 이슈를 제공할 수 있는 그런 순간을 위해 살아감	
o 결단력이 있으며, 일을 진행할 때 효율적일 뿐만 아니라 효과적	
□ **목표관리 능력**	
o 우선순위에 집중	
o 방향이 정해지면 목표를 달성할 때까지 진로에서 벗어나지 않고 주력	
o 평소 싫어하는 지루하고 반복적인 일도 목표 달성을 위해서는 잘 견디며 인내	
o 지식을 습득하고 자신의 기술을 활용하는 데 전념	

♥ 테스트가 규정해 준 나 vs 내가 발견한 나

1. 아이를 기다리는 시간

목표	나를 살게 했던 자기변형의 과정을 필요한 사람들, 특히 동료 엄마들과 나누고 싶었다.
과정	o 우선 내 변형의 과정을 복기하면서 원리를 이해하고, 그 원리를 구현하되 좀 더 가볍고 수월하게 과정을 체험할 수 있도록 모듈 디자인 o 주변에서 비슷한 문제로 힘들어하는 지인들을 돕는 과정에서 모듈의 범용성을 검증 o 필요한 사람들이 접근할 수 있도록 프로그램을 공지하고, 그들과 소통하기 위해 온라인 까페 활용 o 무료 프로그램이었음에도 불구하고 참석자 모두가 완주할 정도로 높은 몰입도, 비슷한 고민을 가진 동료들과 함께 했던 시간들을 통해 치유와 성장을 경험했다는 피드백
성과	o 꿈으로만 갖고 있던 것을 실제로 체험하면서 가능성과 한계를 직접 확인 - 참여하는 사람들의 변화를 지켜보는 과정이 행복 - 경제적 문제가 해결되지 않는 상태라 행복하면서도 불안이 가중 - 별도의 경제활동을 하면서는 도지히 할 수 없을 만큼 많은 에너지가 드는 일이라는 것을 절감 o 이 과정을 경제활동과 연결시키는 것이 내 삶의 과제임을 분명히 깨달음 - 현지에서 경비를 조달해서 즐겨야 하는 여행
활용재능	**□ 구조파악 능력** o 사물의 작용과 운동 원리에 관심이 많음 o 사람이나 사물, 상황을 한 눈에 통찰하는 대단한 직관력

o 전체적인 관점에서 각 부분들의 관계를 볼 줄 알고 분석적인 사고를 함

□ 대안 시스템 구축 능력

o 패러다임을 바꾸는 사람, 즉 개념의 틀을 바꾸는 사람

o 일을 보다 효율적으로 처리할 수 있는 독창적인 방법고안

o 아이디어를 가시적으로 그려낼 수 있으며, 아이디어를 행동계획으로 조직화

□ 행복한 성장을 돕는 능력

o 당신은 사람들이 자신의 현재 상황에 대해 낙관적으로 느끼도록 돕는 경향

o 당신의 깊이 있으면서도 참신한 의견은 같은 주제에 깊은 관심이 있는 다른 사람들을 대화에 참여하도록 이끄는 경향

o 미래상에 대한 이미지로 사람들의 영감을 자극

o 결단력이 있으며, 일을 진행할 때 효율적일 뿐만 아니라 효과적

□ 이타적 친화능력

o 다양한 자기 모습

o 타인이 필요로 하는 것에 몰두

o 다른 사람들을 기분 좋게 해 줌으로써 사랑을 얻으려 함

o 자신이 가진 재능을 친구나 가족들과 함께 나눔.

o 좋은 뜻으로 사람들에게 도움이 된다고 여기는 일이라면 행복해하며 잘 할 수 있음

□ 완벽추구 증후군

o 자신의 필요를 거부

o 가장 큰 아킬레스건은 나는 아무 부족함이 없기에 늘 타인을 도우며 살아야 한다는 자기오만

2. 아이와 함께 책놀이

목표	아이에게 친구들과 함께 하는 책읽기의 즐거움을 알려주고 싶다
과정	o 큰 아이 초등 2학년때 아이 친구 엄마와 품앗이 육아를 해보기로 함 - 두 아이들에게 나는 책읽기를, 그녀는 영어를 가르치기로 함 o 아이들에게 책읽기와 독후활동이 부담으로 느껴지지 않도록 부담 없이 접근 - 휴직중이라 주2회, 원하는 책을 들고 와 함께 나누고 원하는 방식으로 표현해보도록 유도 - 맛있는 간식과 야외활동 등으로 아이들이 그 시간을 기다리게 유도 o 1년이 흘러 복직한 후에도 주말을 이용해 꾸준히 진행 o 아이들의 성장에 맞춰 인문고전, 진로독서 등 컨셉을 바꿔가며 진행 - 그동안 함께 하는 아이들이 바뀌기도, 잠시 쉬기도 하는 등 우여곡절 - 지금은 4명의 아이들이 매주 만나 책을 나누는 모임으로 정착
성과	o 내향적이던 아이가 친구들과 편안하게 어울릴 수 있는 계기 - 함께 하는 친구들과 잠옷파티, 여행 등 상호작용의 기회를 많이 마련 o 사춘기 아들과 책을 통해 소통할 수 있는 즐거움 o 아이 친구 엄마들과도 더 깊은 관계를 만들어가고 있는 중 o 함께 하는 친구들도 규칙적으로 책을 접하고 스스로 생각하는 습관을 얻게 되었다는 피드백
활용재능	□ **행복한 성장을 돕는 능력** o 타고난 교사 o 최상의 성과를 거두도록 많은 사람들을 격려 o 어머니로서의 INTJ는 아이들에게 지식을 전달할 수 있고 삶에 대한

관점과 중요한 이슈를 제공할 수 있는 그런 순간을 위해 살아감

□ **이타적 친화능력**

o 다양한 자기 모습

o 타인이 필요로 하는 것에 몰두

o 다른 사람들을 기분 좋게 해 줌으로써 사랑을 얻으려 함

o 자신이 가진 재능을 친구나 가족들과 함께 나눔.

o 좋은 뜻으로 사람들에게 도움이 된다고 여기는 일이라면 행복해하며 잘 할 수 있음

□ **목표관리 능력**

o 우선순위에 집중

o 방향이 정해지면 목표를 달성할 때까지 진로에서 벗어나지 않고 주력

o 평소 싫어하는 지루하고 반복적인 일도 목표 달성을 위해서는 잘 견디며 인내

3. 드림스페이스 마련

목표	10년간 안정되게 살며 꿈을 펼칠 수 있는 내 공간을 갖고 싶다.
과정	o 굳이 집을 사서 부담을 질 이유가 있을까 생각해 계속 미루고 있었으나 살고 싶은 삶을 그려보는 과정에서 집에 대한 열망이 남아있음을 확인 o 전세 만기를 계기로 집을 보러 다니던 중 우연히 꿈에 그리던 집 발견 　- 신기하게 글로 묘사해 지니고 있던 딱 그런 집이었음 　- 예산을 넘어서는 비용에 망설이다 최종 결정

	o 적극적인 자금 조달 계획
	- 재정상황 전반에 대한 점검을 통해 불필요한 비용 삭감
	- 분산자산 정리
	- 공간을 활용한 수익창출 활동 시작
	o 셀프 인테리어
	- 도배도 하지 않고 그대로 들어와 조금씩 내 손으로 정리하고 고쳐나감
	- 가능한 있는 자원을 활용
	- 여전히 진행중, 공간을 가꾸고 꾸며가는 과정 자체가 삶
성과	o 명실상부한 제2의 인생 시작
	- 머릿속으로만 시뮬레이션하고 있던 새 인생 속으로 진입
	- 공간을 펼침으로써 현실이자 일상이 된 꿈
	- 그토록 원하던 꿈과 현실의 정렬
	o 달콤한 상상 속의 꿈에서 깨어 직접 체험해보는 본격적 꿈의 세계
	- 하루하루가 꿈을 이루어 가는 과정이 됨
	- 예상했던, 그리고 예상치 못했던 어려움들에 직면할 수 있는 기회
	- 그 어려움들을 꿈을 이루기 위한 자원으로 변형해가는 즐거움
	- 드디어 진짜 삶이 시작, 이젠 정말 있는 힘을 다해 즐기는 일만 남음
활용재능	□ 대안 시스템 구축 능력
	o 일을 보다 효율적으로 처리할 수 있는 독창적인 방법 고안
	o 미래의 요구를 충족시키기 위해 시대에 뒤 처진 방법을 개선하고 독립적이고 혁신적
	o 아이디어를 가시적으로 그려낼 수 있으며, 아이디어를 행동계획으로 조직화
	□ 이타적 친화능력
	o 다양한 자기 모습
	o 타인이 필요로 하는 것에 몰두
	o 다른 사람들을 기분 좋게 해 줌으로써 사랑을 얻으려 함

	o 자신이 가진 재능을 친구나 가족들과 함께 나눔.
	o 좋은 뜻으로 사람들에게 도움이 된다고 여기는 일이라면 행복해하며 잘 할 수 있음
	□ **목표관리 능력**
	o 우선순위에 집중
	o 방향이 정해지면 목표를 달성할 때까지 진로에서 벗어나지 않고 주력
	o 평소 싫어하는 지루하고 반복적인 일도 목표 달성을 위해서는 잘 견디며 인내
	o 지식을 습득하고 자신의 기술을 활용하는 데 전념

4년 전 나와의 만남

스트렝스 파인더, 다중지능 등 자기 탐색 도구들을 그다지 신뢰하지 않았다. 검사 도구들은 내게 그저 나를 표현하는 새로운 어휘와 관점을 제공해준다는 점에서만 의미 있었다. 검사결과에 나를 가두고 싶지 않았던 거다. 그래서 수년간 프로그램을 진행하면서도 굳이 돈이 드는 공식검사를 권하지 않았다. 인터넷 등에서 쉽게 접할 수 있는 약식검사 정도면 충분하다고 생각했기 때문이었다.

그런데 막상 내 스스로 절박한 상황에 처하고 보니 입장이 달라졌다. 돈이 더 들더라도 조금 더 체계적이고 신뢰가 가는 검사결과가 절실했다. 그래서 작정을 하고 시중에서 할 수 있는 거의 모든 자기탐색 도구들을 돈주고 철저히 체험했다. 결과를 받아들고 생각했다. 진작 이렇게 할 것을. 건강검진한다 생각하면 너무나 당연한 지출이었을텐데 나는 왜 나 자신의 내면의 건강상태를 진단하는데 그리 인색했던 걸까?

결과는 약식검사와 크게 다르지 않았다. 하지만 공식 검사를 통해 받은 보고서는 나 자신에 대한 훨씬 풍부한 설명력을 제공했다. 아~!! 그랬구나. 그랬었구나. 연신 고개를 끄덕이며 검사결과들을 읽고 또 읽었다. 그리고 나자 그저 '나는 할 수 있어!' 하며 억지 자신감을 주입할 때보다 훨씬 납득이 가는 자기 신뢰의 기반이 다져졌다.

물론 자기 신뢰의 기반을 다지는데 이런 도구들만이 작용한 것은 아니다. 지나온 삶을 정성을 다해 훑어가며 내 안에서 이미 빛나고 있는 보물들을 발견하지 못했더라면 전문가들의 정성 어린 설명들을 그리 찰지게 삶의 양분으로 전환해내지는 못했을 것이다.

안팎으로 나를 조명해가는 작업들을 하는 동안 이렇게 괜찮은 나를 홀랑 다 까먹고 작은 어둠에 매몰되어 스스로를 괴롭히고 있는 자신을 밖에서 볼 수 있는 힘이 생겨났다. 밑 빠진 독처럼 쉴 새 없이 새나가던 에너지가 조금씩 차오르게 시작한 것도 이때부터였다. 그러고 보니 〈내 안에서 보물찾기〉는 깨진 항아리를 온몸을 다해 막아준 콩쥐의 고마운 두꺼비 같은 역할을 해주었던 것 같다.

돌이켜보면 이렇게까지 할 필요가 있을까 싶은 것이 사실이다. 하지만 할 수 있는 모든 것을 다 해주고 싶었다. 그것은 간절한 기도였다. 어떻게든 나 자신을 살려내고 싶다는. 스스로에게 이리도 극진한 정성을 다할 수 있는 존재, 나 자신에게 무한한 존경과 경의와 감사를 표하고 싶다.

또 다른 나, 소나의 <아이를 기다리는 시간>

이번 주 과제는 정말 빡빡했다. (사실 매주 빡빡하다ㅎㅎㅎ) 그러나 나의 시간을 수치화하는 작업은 새롭고 신선했고, 그 작업을 토대로 내가 시간을 어떻게 쓰고 있는지 검토할 수 있어서 의미 있는 작업이었다. (〈아기시〉 과정 자체가 의미로 가득하다)

이번 주는 내가 가지고 있는 자원을 어떻게 활용할 것인가에 초점이 맞춰졌는데 여러 가지 검사를 통해 나를 분석한 작업이 도움이 되었다. (스트렝스 파인더, MBTI, 에니어그램, 다중지능검사) 이전에 해본 검사도 있고 처음 해본 검사도 있었는데 이전에 했을 때는 전혀 느끼지 못했던 나에 대한 탐색들이 새롭게 발견된 것이 많았고. 결과가 아닌 해석의 중요성에 대해서도 깊이 깨달았다.

자기돌봄은 중요하지만 자기돌봄은 의도 없이 순수해야 한다. 끌리는 대로, 하고 싶은 대로, 할 수 있는 과정들을 거쳐야 진정한 자기돌봄의 길로 들어서게 된다. 나는 지금보다 더 충분히 나를 돌보아야 한다. 나 스스로 자기돌봄이 과하다 느낄 때가 있는데 자기돌봄 또한 몰아 쓰는 시기가 꼭 필요하다고 아난다 선생님은 말씀하셨다.

소진되는 것에 대한 트라우마가 있다면 자신의 한계를 넘어서는 것이 힘들다고. 내가 보물이 가득 든 창고의 열쇠를 손에 쥐고 있다는 것, 무한한 에너지원을 내가 가지고 있다는 것을 스스로를 믿는 것이 중요하다. 그러면 언제든지 내가 그 에너지원에 접속할 수 있다. 집중하면서 몰아쓰는 기쁨을 느껴봐야 한다. 그리고 그 안에서 나의 역동을 잘 살펴야 한다.

그것은 아주 미묘한 과정이다. 그 일련의 과정들이 내 눈 앞에 펼쳐지듯 이해가 되다가도 길고 어두운 터널을 지나는 기분이 들었다. 이것은 혼돈에서 시스템을 만들어가는 과정이고 이 혼돈 또한 필수적인 체계이다.

내가 다루고 싶은 대상을 촘촘히 분석해야 한다. 그러나 그것은 결국 지금 내가 당면한 나의 문제이다. 그러니 나를 덕질하고, 나와의 팬덤을 형성해야 한다. 나라는 존재 자체가 끝없는 탐구 대상이다. 그러니 지금 내가 돌봐야 할 것은 나이고, 내가 집중해야 할 사람도 나이고, 내가 가장 호기심을 가지고 탐구해야 할 대상도 나이다. 결국 나의 고객은 나이고, 그 다음이 아이들과 남편이다.

결국은 내가 행복해야 한다. 내가 갖고 있지 않은 것을 다른 사람에게 줄 수 없다. 여기서 모든 것은 분명해진다. 나는 무엇을 위해 사는가. 결국 모든 것은 돌고 돌아 같은 지점이다. 나는 나를 위해 나의 에너지를 다 써봐야 한다. 힘껏 나의 경계를 확장해 나가며. 그것은 성과가 나지 않더라도 가치 있는 것이다. 나는 이미 과정의 기쁨을 알고 있다.

10주차 워크숍은 2번에 걸쳐 더 깊게 나를 마주했다. 더 촘촘하고 디테일하게 나를 마주하고 나니 나는 무엇이든지 할 수 있는 내 안의 힘을 가지고 있는 사람이라는 것을 깨달을 수 있었다. 물론 아난다 선생님의 디테일하고 깨알 같은, 통찰력과 부드러움을 겸비한 그 정성스러운 가이드 덕분이었다. 이 길을 함께 걸어온 든든하고 따뜻한 도반의 지지와 응원의 힘도 빼놓을 수 없다.

이제 〈아이를 기다리는 시간〉 프로그램 2회기를 남겨놓고 있다. 남은 기간 동안 나는 나를 힘껏 끌어안고 다정하고, 따뜻하게, 정성을 다해 돌볼 것이다. 누군가를 위해 나의 모든 것을 쏟아부어 정성을 다하는 경험을 나의 최초의 고객인 나에게 해보는 것이다.

아난다 선생님께서 〈아기시〉 프로그램 오프닝 미팅에서 〈아기시〉 프로그램을 하는 동안 맛있는 거 잘 챙겨 먹으라고 하셨는데 왜 그렇게 말씀하셨는지 이제야 알 것 같다. 오늘 저녁은 외식이다.

또 다른 나, 파랑의 <아이를 기다리는 시간>

나를 이렇게까지 꼼꼼하게, 치밀하게 살펴본 적이 있었을까? 40이 되도록 나란 존재에게 이런 정성과 에너지를 들이지 않고 살았다는 것이 새삼 놀랍기도 하고 이제라도 이렇게 깊이 들여다볼 기회를 만났다는 것에 감사한 시간이었다.

이번 주는 '나, 세상을 여는 열쇠'라는 주제로 지난번에 살펴본 내 일상을 분석해보는 시간이었다. 역할별, 영역별 사용시간을 집계하고 거기서 발견한 것들을 기록해보는 활동이었다. 대충 짐작은 하고 있었으나 막상 수치화된 결과값을 보니 훨씬 더 선명하게 자각할 수 있었다.

역할수행시간 분석표를 통해 알게 된 것들! · 아내 역할에 사용된 시간이 부족 → 친밀감을 높일 수 있는 시간 필요 · 주부 역할 시간은 다소 높은 듯 → 120분 이내로 조정 · 개인시간(천직수련, 몸건강, 마음건강)을 효율적으로 쓰기 위한 체계적인 루틴 필요 · 몸을 위한 시간은 늘 뒤로 밀리는 상황 → 몸을 위한 기쁨 찾기 노력 필요 · 아이들과 장시간 함께하다 보니 양질의 활동은 이루어지지 않음 → 양질의 활동을 할 수 있는 에너지 확보 시간 필요 (아이들 흥미 고려한 사교육 활용) · 큰아이와 둘만의 시간 마련할 필요가 있음

나만의 재능을 발견하기 위한 또 하나의 활동, MBTI /스트렝스 파인더 /다중지능검사 /에니어그램, 4가지 검사를 통해 얻은 자료를 활용해 나의 재능을 추출해가는 작업은 상당히 의미 있었다. 처음 과제를 제출할 때만 해도 여기서 추출한 재능으로 나의 성취를 분석하는 일은 내게 너무 어려웠다. 여전히 이게 내 재능이라 자신 있게 말할 수 있는 부분들이 없었다. 그래서 선생님이 제안하신 방법대로 다시 재능을 찾기 시작했다.

　각 검사를 이용해 나온 설명 중 '아, 이건 나다' 싶은 문장들을 모두 출력해 나열하고, 분류하고 거기서 핵심 재능을 발견해가는 작업! 그 작업을 마치고 다시 열린 2차 워크샵. 우리가 건져온 내 기질(재능)들을 다함께 들여다보는 시간이었다. 선생님은 이 작업을 줄탁동시라 표현하셨다. 알 밖에서도 깨고 안에서도 깨고 이 과정에서 정말 눈부신 재능들을 우리는 발견하게 되었다.

　이번 워크샵을 통해 깨닫게 된 것들!

　① 스스로의 기쁨으로 세상을 기쁘게 하라. 가족들에게 끊임없는 돌봄 행위를 제공하면서도 나란 존재의 쓸모를 늘 의심하며 살았다. 현장에서 너무 쓰여서 경계를 넘어갈 힘이 없어지게 된 상황이라고, 시종일관 자기 돌봄이 필요한 거라고, 나를 돌볼 사람은 나밖에 없다고, 내가 깊이 연결되어야 할 사람은 바로 나 자신이라고, 나의 기쁨으로 세상을 기쁘게 하라는 선생님의 말씀이 깊이 와닿았다.

　'나의 기쁨'과 '그들의 기쁨'이 만나는 장에서 나는 삶의 특별한 의미를 느끼는 사람이다. 그들만의 기쁨을 위해 나에게 희생을 강요하지는 말자. 노예의 도덕(사랑) 시절은 이제 그만 졸업하기로.

　② 내가 가진 재능 : 평화력, 나눌 수 있는 능력, 성과를 만들어 내는 능력, 긍정적 학습능력. 선생님과 도반의 세심한 관찰과 날카로운 통찰을 통해 건져 올린 나의 소중한 재능들. 특히나 '평화력'은 나에게 뜨거운 기

쁨과 감동을 안겨주었다.

그랬다. 나는 안전함과 따뜻함을 제공하리라는 대의를 품고 그렇게 살려고 애써왔다. 나에게 세상은 늘 전쟁터였고, 평화를 되찾는 일이 나에게는 무엇보다 중요했다. 안전하고 따뜻한 그 속에서 숨을 쉬고 싶었다. 그래서 선택한 것이 나를 죽이는 일. 분란 만들지 말자. 조용히 조용히. 내가 참으면 모든 것이 평화롭게 유지될 수 있을 것이다. 이런저런 도덕과 윤리를 들이대며 끊임없이 나는 죄책감의 늪으로 빠져들었고, 조용히 입 다물고 그들의 뜻을 따르는 삶을 살아왔다. 겉으로만 조용하면 평화롭다 착각했었으니까(미친 듯이 들끓는 내 안의 전쟁은 외면한 채)

그동안의 자기돌봄 속에서 내 안에 그 씨앗은 새롭게 태어 나기 시작했나보다. 건강한 평화를 만드는 힘으로! 선생님은 말씀하셨다. 나의 최상화 기질과 긍정적 학습능력으로 그동안 갈고닦아 탄생시킨 재능이라고. 드디어! 마침내! '생명력 있는 평화력'이 내 안에서 자라고 있는 거 같아 더없이 기쁘고 행복했다.

③ 내가 제공할 핵심 서비스, 모든 존재가 자신을 중요한 존재로 느끼게 만드는 안내자를 꿈꾼다. 그러기 위해서는 "자신을 중요한 존재로 느껴야 해요. '나에게' 먼저 안전함과 따뜻함을 제공하는 것이 가장 가치 있는 대의고 숭고한 목적이에요" 선생님 말씀처럼 나는 지금 나에게 에너지를 쓰고 있다. 내 씨앗들이 건강하게 무럭무럭 잘 자라주기를 바라면서. 우리는 '내가 표현되도록' 안전하게 허용받을 때 살아있음을 느끼며, 사랑받고 있음을 느끼는 존재들이다. 나를 온전히 다 드러낼 수 있는 공간, 충분히 내가 될 수 있는 공간, 나는 나를 그 순간으로 초대하고 있고, 다른 존재들에게도 그런 성소가 되어줄 수 있는 사람이고 싶다.

제11주 스스로의 기쁨으로 열어가는 길

♥ 기쁨 분류표

이후		사랑을 배우고 익혀 나누며 살아가기	평화로운 내면의 소유자	건강하고 활력 넘치는 몸
목적지		천직 : 자기돌봄 전문가	일상 명상가	춤추는 요기니

10년	53	o 세계적인 아난다 프랙티스
		  동문 네트워크 만들기
		o 아침마당 강의하기
			o 끓는 아이템에 반응하기
			o 나의 강점에 물주기
			o 가진 것에 감사하기
			o 이만큼 열심히 살아준
			  스스로를 인정해주기
			  (나 자신에게 상주기)
			o 나의 몸과 마음을
			  충분히 돌보기
				o 채식주의 실천하기
				o 깔끔한 피부갖기
				o 탄력 넘치는 요기니
				  몸매 갖기
				o 요가명상 더 공부하기

9년	52	o 매년 1권씩 책쓰기 o 온 가족 영어안수 가기 o 아난다 프랙티스 수업을 동영상으로 만들기		

8년	51	o 온 가족이 믿고 활용할 수 있는 자기돌봄 수련 '아난다 프랙티스' 커리큘럼 만들기		
7년	50		o 자꾸 흔들림을 부끄러워하지 않기	
6년	49	o 생활인을 위한 자기돌봄 가이드 〈아이를 기다리는 시간〉 출간하기	o 그럼에도 불구하고 다시 시작하는 힘을 가진 스스로를 자랑스러워하기	
5년	48	o 구본형변화경영연구소 마음편지 필진으로 3년 연재하기	o 자부심을 갖기에 충분함을 받아들이기	
4년	47	o 매일 정해진 시간, 글로 출근하는 삶 살기 o 좋아하는 일로 인정받기	o 불안이 느껴지면 충분히 귀기울이기, 그리고 그 시간을 아까워하지 않기	
3년	46	o 결핍에 쫓겨서가 아니라 충만함으로 일을 즐기기	o 스스로를 일으켜 세우기	
2년	45	o 월 200만원 고정수입 만들기 o 이 '사랑을 보다 많은	o 단순한 삶 실천하기 o 내 리듬 존중하기	
1년	44	사람들에게 전하기 o 이 뜨거운 경험을 전할 수 있는 목소리 갖기		
0년	43	o 내가 번 돈으로 여행가기 o 나를 표현함에 불편없는 오피스 활용능력 키우기 o 원데이 워크샵 실행 - 후회없는 육아휴직 사용법 - 엄마와 아이가 함께 행복해지는 〈아이를 기다리는 시간〉 사용법	o 비로소 깊은 인생의 주인공이 되었음을 기뻐하기 o 내 가치를 믿기 o 이만하면 충분하다고 말해주기 o 스스로에게 무슨 일이 있어도 자신을 버리지 않으리라는 확신 심어주기	

			o 존재 그 자체로 이미 충분하다는 그 느낌 연습하기	
			o 이 모든 것이 없어도 존재 그 자체로 소중한 사람임을 기억하기	
			o 스스로를 충분히 안아주기	
			o 이런 시기를 보낼 수 있음을 기뻐하기	
			o 투입만 많고 보이는 성과는 없는 이 '지질한', 그러나 반드시 필요한 시기를 잘 지켜주는 것이 진짜 '사랑'이고 '믿음'임을 깨닫기	
			o 진짜 '사랑'을 할 수 있게 해달라는 간절한 기도에 응답받음을 기뻐하기	
			o 어떤 상황에도 스스로를 긍정할 수 있는 능력이 그리 탐내던 '멘탈갑'의 핵심역량임을 온몸으로 이해하기	
			o '자기 삶을 좋아하는 사람으로 변신하는 과정 중에 있음을 기뻐하기	
			o 눈에 보이지 않는, 그러나 꾸준히 축적되고 있는 성과를 알아보기	

			o 내가 이런 모습으로 세상에 온 이유가 있음을, 나의 존재가치를 의심하지 않기 o 이리도 간절한 나 자신을 위해 할 수 있는 모든 지원을 아끼지 않기 o 진짜 사랑을 알아가고 있음을 기뻐하기 o 이런 시간을 허락하신 신께 감사하기 o 내 삶의 필수영양소 였던 '인정감' 결핍의 시기, 외부에서 섭취 하지 않아도 내 안에서 필요한 성분을 만들어낼 수 있음을 만끽하기 o 모든 것이 내 안에 있음을 알아차리기 o 이번이 끝이 아님을, 그러나 온전히 체험 했기에 다음을 두려워 하지 않는 힘 갖기 o 이 모든 것이 사랑 이었음을 알아차리기 o '이런 나도 사랑해줄 수 있어?'하는 내 안의 상처 입은 아이의 질문에 '그럼 당연하지. 그것이 내가 세상에 온 이유인 걸. 너를 품어주는 것이	

			내가 살아있는 이유인걸 하고 말할 수 있게 되었음 기뻐하기	
당장		o 작가 엄마로서의 일상 재구축	o 아침에 일어나 거울보고 사랑한다고 말해주기 o 지금이 내 삶의 가장 결정적인 시기임을 알아차리기 o 어떻게든 돌파하기	o 매일 요가명상하기
현위치		꿈나이 만3년 5개월차	치유로 향하는 마음	조금씩 정리되가는 몸
시간 / 역할		개언		

이후	평생 친구	영감을 주는 인생 선배	저마다의 성소
목적지	든든하고 다정한 동반자	의지가 되는 멘토, 변함없는 지지자	쾌적하고 안정된 시스템
10년		o 아이들이 가진 장점의 씨앗에 　물주기 o 아이들이 자기 삶을 좋아 　할 수 있도록 힘껏 도와주기 o 아이들을 위한 경제책 쓰기 o 아이들이 원하는 배움에 　돈 아끼지 않기 o 나와 가족이 원하는 것은 　아낌없이 지원하기 o 훈이랑 함께 하는 진로 독서 　책으로 펴내기 o 아이들이 스스로 원하는 　프로젝트 밀어주기 o 아이들과 스스럼없이 소통 　할 수 있는 시스템 갖기 o 영이랑 도서관 다니기 o 아이들에게 공부하는 기쁨 　전하기 o 언젠가 이 치열했던 시기를 　기쁘게 추억하기 o 엄마가 이런 시기를 보내는 　과정을 아이들과 함께 나눌 　수 있음에 감사하기 o 자기 삶을 좋아하는 엄마 되기	o 주1회 가사도우미 쓰기 o 깔끔하게 정리된 옷장 o 책 쓰고 씨앗책 정리 o 빨래 잘 되는 세탁기 o 깔끔한 침구(손님용 　포함) o 손님맞이 요리 익히기
9년			
8년			
7년			
6년	o 늘 함께하기 o 지금처럼 사랑 나누기		
5년			
4년			
3년			
2년			
1년			

182

0년		o 아이들 기록관리 지도 o 아이들을 위한 홈스쿨 커리큘럼 만들기 o 아이들 사진 및 기록 정리	o 공간(물건, 빨래 등) 정리 시스템
당장	o 존경심 표현하기 o 아침식사 차려주기 o 출/퇴근 인사	o 아이들 옷 깔끔하게 입히기 o 건강한 식습관/운동습관 만들기	o 재무점검(월1회)
현위치	유지비는 많이 드나 사랑스러운 여인	좋지만 바쁜 엄마	서투른 주부
시간/역할	아내	딸 / 영 엄마	주부

이후	저마다의 삶으로 깊어가기	
목적지	사랑스런 딸/며느리	
10년 9년 8년 7년 6년 5년 4년 3년 2년 1년	o 엄마랑 년1회 3일이상 여행가기 o 외가행사(할머니 제사 등)에 동행하기 o 외가식구들 초대해 생신파티	o 아가씨들 챙기기 o 현충일 현충원 모시기 o 매년 생일상 차려드리기
당장	o 주1회 전화드리기 - 끝인사는 '사랑해요'	o 월 1회 이상 시댁에 놀러가기
현위치	안스러운 딸/며느리	
시간/역할	엄마	시부모님
	확대가족	

표1. 해피맘CEO 직무 분석표

역할		직무	핵심가치
개인		o 몸과 마음의 건강을 유지 o 그 과정의 원리와 메커니즘을 연구, 공유	나로 사는 기쁨
아내		o 남편의 심신건강 유지 조력 o 남편 연구	동반자
엄마	훈	o 교육 o 돌봄 o 큰 아이 연구	상담자
	영	o 교육 o 돌봄 o 작은 아이 연구	격려자
주부		o 식생활 관리 o 의생활 관리 o 공간 관리 o 재무 관리	안정감
딸 /며느리		o 안부 인사	안정감

표2. 해피맘CEO 직무 기술서 및 핵심성과지표

구분	업무	세부내용	KPI (핵심성과지표)	배우자 기준 업무 중요 순위	본인 기준 적성 적합 순위
1	요리	가족들에게 균형잡힌 식사를 제공	월별 신메뉴 도전 건수	3	10
2	공간관리	가족들에게 쾌적한 공간을 제공	1주일 단위 점검표	4	6
3	세탁	가족들에게 단정한 의상을 제공	이틀에 한번 세탁	5	8
4	재무	가족들에게 경제적 안정감을 제공	월 1회 재무제표	2	9
5	자기돌봄	건강한 몸과 마음을 위한 자기돌봄	건강습관 체크	1	12
6	남편돌봄	함께 놀기(나들이, 식사, 대화 등)	1일 1식 및 주회 3시간 놀이	6	7
7	훈돌봄	정서적 돌봄(칭찬하고 응원하기)	관찰 및 생활일지	9	4
8	훈교육	〈엄마랑 꿈벗〉 교육진행	매주 진행 기록	12	2
9	영돌봄	정서적 돌봄(마중&배웅, 친구들과 놀이)	관찰 및 생활일지	10	3
10	영교육	〈책놀이〉 교육진행	매주 진행 기록	13	5
11	가정경영연구	가족 성장 방향성 연구	도서 등 자료 리뷰	7	1
12	경영기획	가족 성장 실천계획 수립	월/년간 경영기획서	8	11
13	구매	가정내에 필요한 물품 조사 및 구입	지출현황 기록	11	13
14	교육행정	〈글로벌 탤런트 프로젝트〉, 〈봉공자연 교감소풍〉 등 자체개발 수업지원	진행기록 관리	14	14
15	학부모 교류	아이들 친구 어머님들과 정기적인 교류	미팅 횟수	15	15

표3. 직무재설계(EREC)

강화(Enthusiasum)
o 공간관리(100일정리)
o 가정경영연구
o 자기돌봄(몸, 마음)

⇓

제거(Elimination)		천직		창조(Creation)
o 학부모교류		해피맘CEO		o 훈교육(진로독서)
o 경영기획	=	(자기돌봄 전문가)	⇐	o 영돌봄(안정적 놀이
o 교육행정				시스템)

⇑

감소(Reduction)
o 구매(분담)
o 요리(기성품 활용)
o 세탁(분담)
o 재무(무작정 따라하기)

o 나의 고객가치
  - 제2의 삶을 모색하는 엄마들을 돕는다.
  - 현재는 최초의 고객인 나 자신을 돕는데 집중한다.

모든 직업은 비즈니스다.
모든 비즈니스는 '고객을 돕는 사업'이다.
고객을 도울 수 없다면 어떤 비즈니스도 성공할 수 없다.

구본형의 『필살기』 중에서

표4. 해피맘CEO 가정경영일지

해피맘CEO의 가정경영일지 (년 월 째주 일~ 일)				
금주 행사			다차주 행사	
월			월	
화			화	
수			수	
목			목	
금			금	
토			토	
일			일	
나	천직수련		항목	활동내용
			가정경영연구	
			기타	
	자기 돌봄	몸	운동	
			12시간 공복	
		마음	오직 나를 위한 읽기 & 쓰기	
가족	훈		진로독서	
			기타	
	영		돌봄	
			기타	
	남편		1식	
			기타	
주부	공간		정리 & 청소	
			기타	
	재무		돈공부	
			기타	
총평				

11주차의 기록들을 읽으며 삶의 신비 속으로 걸어 들어가고 있는 느낌을 받았다. 당시의 나는 분명 거창한 꿈 따위를 논할 상황이 아니었다. 그저 하루하루를 살아가는 것이 도전이었으니까. 그러니 이 모든 모색들은 오로지 나 자신을 살려내기 위한 것이었다고 해도 과언이 아니다.

세상에 오직 한 사람, 나를 살리기 위한 헌신과 정성이 어떤 성과로 이어지는지, '나'는 어떻게 '우리'로 익어가는지. 시간은 온몸으로 분명히 가르쳐주고 있다. 아름답다. 삶이. 감사할 뿐이다. 이런 삶을 경험할 수 있게 도와준 모든 인연들에게.

또 다른 나, 파랑의 <아이를 기다리는 시간>

이번 주는 '스스로의 기쁨으로 열어가는 길'이란 주제다. 역할별 나의 현 위치를 자각하고 나아가고자 하는 목적지를 설정하고 10년의 인생길을 만들어보는 시간! 일전에 만들어놨던 나의 기쁨리스트 100가지를 그 길 위에 펼쳐놓는 작업이었다.

나는 누구지? 여긴 어디지? 어디로 가야할지 도통 알 수 없어 헤맸던 시간들. 잘 나가는 누군가를 보면 저렇게 가면 성공하나보다 싶어 부랴부랴 따라서 계획 세우고 그러다 아닌 거 같으면 다시 세워 보고. 늘 계획뿐인 삶, 실천이 결여된 삶이었다.

왜? 왜 나에겐 실행력이 없는가? 목표가 분명하지 않아서, 그 목표가 내 것이라는 확신이 없어서, 달성할 수 있으리란 믿음이 없으니까, 막연히 그냥 가보기엔 불안하고 힘들어서, 하루 이틀 가보다 이내 곧 흐릿해져 버리곤 했었다.

지금 나에겐 <아기시> 과정을 통해 선명하게 그려낸 지도가 있다. 자기 삶의 주인이 된다는 건 이런 기쁨일까? 스스로 방향을 설정하고, 거기로

가기 위해 내가 지금 무엇을 할 수 있을지, 하고 싶은지를 기록해가는 과정, 그 과정에 끊임없이 해야 할 의무만 설정하는 것이 아니라, 날 위한 기쁨들이 총총총 박혀 있다는 것이 이 보물지도의 참매력이 아닐까 싶다.

그러나 또 나아가다 보면 불안해지는 시점이 있겠지? 그 순간 다시 펼쳐볼 지도가 있다는 것이 새삼 감사하다. 지나온 길의 내 발자국을 들여다볼 수 있다는 것이, 내 발자취가 또다시 나아갈 힘이 되어줄 수 있다는 것이 얼마나 든든한가. 정처 없이 떠도는 삶이 아닌 목적지를 선명하게 그려놓고 가는 삶. 그 여정이 참 즐거울 듯. 장애를 만나도 그걸 극복해내는 과정조차 의미 있게 다가오겠지?!

당장 여기선 숨을 쉴 수 없다고, 죽을 것만 같다고, 절규하며 치유를 간절히 바랐던 수정아, 치유가 이루어지기 시작하며 통증이 가시고 나니 너는 더 원대한 꿈을 꾸기 시작했구나. 축하해. 나 자신에 대한 확신이 없어 차마 입 밖으로 꿈을 이야기하지 못했던 나. 점차 내가 걷고 있는 이 길에 대한 믿음이 생겨나고 그 꿈을 입 밖으로 꺼낼 수 있게 되었구나.

지금 이 시점에서 네가 기억할 것! 처음부터 완벽한 길을 그려나가야 한다는 부담 내려놓기. 네가 가고자 하는 방향이 잘 설정됐다면, 믿고 쭉 걸어 나가 볼 것. 거기서 발생하는 크고 작은 일들이 너에게 더 선명하게 너의 길을 알려줄 거란 걸 믿어. 아, 그리고 선한 의도나 열망들이 결핍에 의한 집착으로 변질되는 경우가 많이 생기더라. 지난날의 나의 열망들도 그래왔고, 사랑스럽게 그려나간다는 것의 의미를 이제 조금은 알 것 같아. 힘겹게 붙잡고 있는 것들 이제 그만 놓아버리고, 사랑스럽게 그려나가 보자. 우리.

또 다른 나, 소나의 <아이를 기다리는 시간>

아이들이 지난주부터 방학을 시작했고, 아이들의 방학과 동시에 나 혼자 보낼 수 있는 4-5시간의 뭉텅이 시간이 사라졌다. 나는 그 사라진 시간 앞에 정신이 조금 혼미해졌으며 정신줄을 붙잡지 않으면 삼시 세끼 돌밥을 하고, 청소를 하고, 아이들의 요구를 들어주다 지쳐 고함쟁이 엄마로 변하곤 했다. 물론 정신줄을 확 놓지는 않았지만 정신줄을 놓는 순간도 있었다. 그럼에도 그 상황을 순간순간 계속 알아차리는 내가 있다는 것은 내가 〈공간살림〉과 〈아이를 기다리는 시간〉을 통해서 나를 대면하는 작업을 계속 해왔기 때문일 것이다.

내가 무엇을 조금 깨달았다고 해서, 나의 태도가 변했다고 해서 내가 현자가 되는 것은 아니다. 나를 자극하는 환경은 늘 내 주위에서 일어나고, 내가 아무것도 할 수 없는 상황 앞에 나 스스로가 무기력함을 느끼기도 하지만 그걸 회피하지 않고 바라본다는 것. 그리고 그 상황에서도 나의 삶을 일구어 나간다는 것. 그게 중요하다고 생각한다.

나는 증거가 필요한 사람이다. 모든 일에서 늘 증거를 찾는다. 아난다 선생님이 이전 워크숍에서 어떤 일에 대해서는 그저 믿어야 하는 영역이라고 말씀하셨다. 나는 지금 그저 믿어야 하는 영역 안에 있다. 그저 믿어야 하는 영역에서는 기록이 중요하다. 나의 기록들이 나의 증거가 되어줄 것이고. 나는 그 증거를 통해 나를 더욱 믿게 될 것이다. 그리고 기록은 구조를 파악하기 위해서도 중요하다. 〈아이를 기다리는 시간〉 과정을 지나며 매번 기록을 남겼다. 모두 다 나를 위한 것이다.

11주차에도 2회기에 걸쳐 나의 기쁨 채집장을 완성했는데 그 작업을 통해서 내가 지금 당장 무엇을 해야 하는지 우선순위를 정하고 그 작업에 집중할 수 있는 틀을 잡는 작업이었다. 일단 구조를 파악하고 틀을 잡아 놓은 다음 매일의 나를 일구어 나가는 것이다. 늘 깨어있기 위해서. 깨어 있지 않으면 우리는 자신도 모르는 사이 부정적 감정에 휩쓸려 일상이 엉망이 되곤 한다. 한순간에 모든 것이 흐트러지곤 했던 지난날을 떠올려본다. 그러니 늘 깨어있기 위해서 이 작업을 하는 것이다. 늘 자기 자신을 상기시키는 작업인지도 모르겠다.

내 몸에 무리가 올 때는 과감하게 멈출 수 있어야 한다. 그리고 버티는 것이 나에게 이로운 고통인지 해로운 고통인지도 구분할 수 있어야 한다. 그러나 이 모든 결정에는 경험이 필요하고, 나는 지금 그 경험을 쌓아야 할 때다. 경험하지 않고서 힘 있게 전달할 수 없다. 잃을 게 없는 게임이 시작되었다.

나의 길 위에 있다는 나만의 감을 계속 키워나가는 것. 지금 내가 하고 있는 것이, 앞으로 내가 해야 할 일이 그것이다. 내 몸, 내가 지금 있는 공간이 나의 현장임을 잊지 않는 것. 결국은 아팠던 시간까지도 모두 나에게 자산이 된다. 그저 그 과정 중에 깨어있으면 되는 것이다.

본질과 군더더기를 구분하고 그 군더더기를 덜어내는 것. 내가 〈공간살림〉을 하면서 키워온 감각이 그것이다. 〈공간살림〉이 물건을 통해 그 작업을 하는 것 같지만 실제로는 물건에 담긴 나의 상념과 관념을 함께 비우기 때문에 내면도 함께 정리되는 것이다.

〈아이를 기다리는 시간〉 11주차 워크숍은 두 회기 모두 아이들이 함께 있어서 좀처럼 집중을 하기가 어려웠다. 그럼에도 이렇게 정리를 하고 보니 지금 나에게 꼭 필요한 주옥같은 이야기들이 가득한 시간이었다. 아이들이 내 핑곗거리가 되어서는 안 된다. 나는 집중해야 한다. 본질과 군더더기를 구분하고, 늘 깨어있기 위해 노력해야 한다. 지금은 내가 그런 시기를 보내고 있음을 알아차리는 것만 해도 대단한 발전이다. 그러니 나스스로를 그저 믿어주자. 내가 얼마나 황홀한 존재인지를 그저 믿자. 나는 내가 믿어주는 만큼 자란다.

제12주 나의 사랑스런 날들

사람들은 내게 묻는다.

"왜 우리는 이 땅에 태어나는 걸까요?"

그러면 나는 그저 이렇게 대답한다.

"사랑하는 법을 배우기 위해서지요."

피에르 신부의 『단순한 기쁨』 중에서

1. 딱 몸이 허락하는 그 만큼만

끔찍하던 불면의 밤들을 잊지 못한다. 해가 있는 시간도 버겁기는 마찬가지였다. 이리도 힘들게 버텨야하는 것이 삶이라면 언제 끝나도 아쉬움이 없다고 생각했다. 응석도 투정도 아닌 진심이었다. 그렇게 아픈 데 하나 없는 그녀는 세 걸음도 채 떨어지지 않은 화장실에 갈 힘을 모으는데도 적지 않은 시간을 써야했다. 그 시간들은 그녀에게 '삶'이었을까?

더 이상 할 수 있는 것이 하나도 없다는 것을 받아들였을 무렵이었다. 그녀의 몸 어딘가에 숨어있었으나 그동안은 차마 모습을 드러내지 못하던 작은 생각하나가 의식 위로 떠올랐다. '어차피 아무것도 할 수 없으니 멋진 거, 폼나는 거 뭐 그딴 거 다 집어치우고 그냥 내 몸이 허락하는 그것이라도 맘껏 즐기다 죽자!'

그렇게 다시 시작된 삶이 그녀를 여기까지 데리고 왔다. 그렇게 오직 자신을 위한 선물 같은 시간이 쌓이고 모여 만들어진 그녀의 두 번째 인생. 그런데 참 신기한 일이다. '자타공인 초강력 이기주의자'인 그녀 곁에서 사람들은 왜 그리도 환하게 빛나는 걸까?

2. 지금 여기 눈에 담긴 그 한 사람

도무지 멀티 태스킹이 되지 않는 몸을 가졌다는 것을 온전히 받아들인 것도 그 어둠의 시간이 준 선물이었다. 욕심을 내봐야 쓸데없다는 것을 알고 나니 선택이 명료해졌다. 마음을 나누는 기쁨을 포기할 수 없다면 오로지 지금 여기 자신의 눈 안의 한 사람에 집중하는 수 밖에.

그녀가 누구보다 잘 알고 있다던 자신의 마음에 닿는데 꼬박 마흔 세 해가 걸렸다. 그러니 어찌 더 욕심을 낼 수 있을까? 아니 욕심낼 이유가 없다는 편이 더 정확한 표현일지도 모른다. 70억 인구 중 단 한 사람을 사랑하고도 이미 넘치도록 충만해진다는 것을 체험했기 때문일거다. 하지만 여기서 멈추지 않는 이유는 단 하나. 너무나 궁금하다. 이 사랑이 더 깊어지고 더 넓어지면 도달하게 될 신대륙. 그 땅의 감촉을 몸에게 알려주고 싶다. 그와 함께 나누고 싶다.

3. 영혼의 소리와 만나는 시공, 명상

잘난 척해도 소용없다. 머리가 아무리 수선을 떨어도 가슴은 조금도 흔들리지 않는다. 자세와 태도가 준비되었을 때만 진짜 이야기를 들려준다. 머리가 지어낸 이야기가 아닌 몸이 기다리는 바로 그 이야기가 아니면 부산을 떨어봐야 아무 소용없다. 되는 일없이 몸과 맘이 함께 상해갈 뿐이다.

그녀에게 명상은 영혼과의 대면. 그녀는 알고 있다. 그녀에게 속한 모든 자원에는 임자가 따로 있다는 것을. 자신의 역할은 오직 메신저에 불과하다는 것을. 정확하게 주소를 받아적어야 제대로 배달할 수 있다. 물론 아직은 실수가 적지 않은 것이 사실이다. 엉뚱하게 듣기도 하고 잘 듣고도 금새 잊기가 일쑤다. 하지만 언젠가는 실시간으로 영혼과 통신할 수 있는 몸과 마음을 얻을 날이 오리라는 희망을 버리지 않는다. 그 희망이야말로 그녀의 지금을 충분히 달달하게 하는 천연감미료일지도 모른다.

4. 돈, 최소한의 경제적 자유

많을수록 좋은 것이 돈이라고 생각하던 시절이 있었다. 없어도 얼마든지 행복할 수 있다고 믿던 시절도 있었다. 그 생각과 믿음을 실험하며 마흔 세 해를 살고 난 무렵 그녀는 '지혜로운 사람은 최저 수준을 넘는 부의 증가는 행복에 영향을 주지 않는다고 생각한다. 하지만 아무리 지혜로운 사람도 최저 수준을 밑도는 부밖에 얻을 수 없는 경우, 행복의 수준은 지극히 낮아지며 비참한 상태에 빠질 것으로 예상한다.'는 애덤 스미스의 의견에 완전히 공감할 수 있게 되었다.

그렇다면 행복을 해치지 않을 만한 최소한의 한계점은 어디쯤일까? 오랜 실험 끝에 그녀가 내린 결론은 오직 자신만을 위해 쓸 수 있는 돈 월 200만원. 연봉으로 치자면 2400만원. 수치가 명료해지자 그녀는 저절로 움직이기 시작했고 오래지 않아 목표를 달성할 수 있었다. 영혼이 원하는 일을 하면서 번 돈으로 여행도 하고, 공부도 하고, 맛있는 것도 사먹고. 직장생활을 하던 때에 비하면 턱없이 모자란 수입이지만 충만함은 도저히 비교가 불가능할 정도다.

5. 엄마만 행복하면 그만이냐고?

퇴사를 고민할 때 가장 마음에 걸렸던 것이 아이들이었다. 아무리 머리를 굴려도 '과연 남편의 수입만으로 아이들을 키울 수 있을까?' 하는 질문에 흡족한 대답을 얻을 수가 없었다. 아이들만은 남부럽지 않게 키우고 싶었으니까. 하지만 버티는 시간이 길어질수록 상해가는 몸과 맘. 축 늘어진 몸으로 집에 들어오면 아이들 눈 한번 맞춰줄 기운이 없었다. 그러면 안 되는 줄 알면서도 막 화가 났다. '내가 누구 때문에 이 고생을 참고 있는데...너들이 어떻게!' 자신도 모르게 마음속 말들이 아이들을 향해 쏟아졌다.

아이들이 부족함 없이 쓸 수 있을 만큼의 돈을 벌면서도 사랑으로 충만할 수 있다면 제일 좋을지도 모른다. 그러나 둘 중 하나를 선택해야 한다면? 그녀는 이제 더 이상 망설이지 않는다. 물론 아쉬움이 아주 없지는 않다. 친구들이 다 다니는 학원에 가고 싶다는 아들과 이쁜 새 옷을 바라보는 딸아이의 표정을 볼 때 마음이 그저 편치만은 않은 것이 사실이었다. 저도 모르게 올라오는 불안에 어쩔 줄 몰라 한 적도 많았다. 그러나 그런 시간들이 있었기에 아들은 스스로 공부하는 재미를 알게 되었고, 딸은 새 옷이 아니라 오히려 더 신나게 놀 수 있다는 것을 깨닫게 되었다. 이런 아이들을 지켜보는 그녀는 점점 더 평화로워져갔고, 그런 엄마 곁에서 아이들은 점점 더 충만해져가는 이 아름다운 순환. 돈으로 사려면 얼마가 필요한 걸까?

6. 뒤늦게 알아본 소울메이트

따지고 보면 이 모든 것이 든든하게 자리를 지켜준 그 덕분이었다. 이처럼 명백한 사실을 깨닫는데 어쩌면 그리 오랜 시간이 걸렸던 걸까? 고맙고도 미안한 마음이 그녀를 꽉 채웠다. 그리고 그 마음은 곧 무한한 사랑으로. 언제부터였을까? 답답하고 말이 안 통하는 줄만 알았던, 성실한 건 인정하지만 그 이상을 바래봐야 맘만 상할 뿐이라고 체념하게 하던 그 안에 다른 남자가 보이기 시작했다.

'그렇구나. 그런 거구나. 묵묵히 자리를 지키는 것으로 충분히 표현하고 있는 그 사랑을 알아볼 여유가 없었던 내가 문제였던 거구나!' 그녀는 최선을 다한다. 그를 오직 '책임감'으로 자리를 지키는 슬픈 가장으로 만들지 않기 위해서. 우리가 누리는 이 기쁨을 그와 충분히 나누기 위해. 우주가 보내준 소중한 소울메이트를 보살피기 위해.

7. 자족하는 삶에서 함께 나누는 삶으로

삶은 어찌 이리도 아름다운 걸까? 감탄이 끊이지 않는 이 삶은 어찌 내게로 찾아와 준 걸까? 고맙고 고마운 한 가운데로 찾아온 또 하나의 질문! '이 상태를 연장해가는 것이 남은 시간의 의미일까? 오직 그뿐이라면 굳이 그리 많은 시간이 필요할까?'

그럴 리가 없다. 오직 그녀만을 위한 기쁨이라면 이리도 넘치게 쏟아질 이유가 없다. 그녀가 주위를 두리번거리기 시작한 것도 아로 그 때문이었다. 기쁨은 텃밭에서 오늘 수확한 야채와 같은 것, 먹을 만큼 먹고 나면 바로바로 나누는 게 맞다. 아깝다고 쥐고 있어봐야 그만큼 시들어질 뿐이니까.

8. 혼자가 벅차다면 팀!

뜻밖에도 넘쳐나는 수확에 당황한 그녀. 황급히 팀을 꾸리기 시작했다. 팀원 선발의 기준은 딱 하나. '그녀를 움직이게 하는 그 지점을 체험한 자' 그들에게 많은 말은 필요치 않다. 이미 충만한 그들은 무리하지 않는다. 욕심내지 않는다. 심지어 더 많이 나누고 싶은 마음도 과하다 싶으면 과감히 내려놓는다. 사람에게 돌아가지 못한 것은 자연으로 보내주면 그뿐이니까.

그럼에도 불구하고 자꾸만 늘어나는 팀원들. 마음에 사랑의 꽃을 키우는 그들의 시간이 마을을, 사회를, 그리고 온 지구를 물들인다. 한 때 우리를 두려움에 떨게 했던 '4차 산업혁명'도 그들 앞에서는 온순한 반려동물에 불과하다. 양날의 검을 바르게 쓰는 법을 알고 있는 그들이 있어 지구는 더 이상 좌절을 말하지 않는다.

9. 우리가 하나라는 진실

알아차리기만 한다면, 받아들일 수만 있다면 지금이라도 당장 해결할 수 있는 아픔들이 너무나 많다. 하지만 그렇다고 방심은 금물. 필요한 모든 것을 손에 쥔 채로 단지 알아차림이, 받아들임이 늦어 감당해야할 슬픔들 또한 너무나 많기 때문이다. 그래서 오늘도 그녀는 설레는 맘으로 눈을 뜬다. 그가 너무 늦지 않도록, 또 다른 그녀가 너무 오래 망설이지 않도록 돕는 것이 자신이 지구라는 아름다운 별에 머물게 된 이유임을 알고 있기에, 다시 주어진 하루가 감사하기만 하다.

10. 또 다른 만남

　그녀가 사라졌다. 그렇게 스스로의 기쁨으로 세상을 기쁘게 하겠다던 그녀는 10년간의 여행을 마무리했다. 언제 어디서 어떤 모습으로 그녀를 만나게 될지는 아무도 모른다. 하지만 그녀를 아는 누구도 의심하지 않는다. 도저히 짐작할 수는 없지만, 그러나 너무나 그녀다운 모습으로 반드시 다시 만나게 되리라는 것을. 지금쯤 어딘가에서 새로운 만남을 위한 거듭남의 의식을 치러내고 있으리라는 것을. 그래서 그녀의 부재는 슬픔이기보다는 설렘에 훨씬 가까운 사건임이 틀림없다는 것을. 부디 건강하게 나타나 주기를 기다리는 그들의 그리움은 깊어만 간다.

4년 전 나와의 만남

새로운 삶에 대한 부름을 받은 것은 2009년 둘째 아이를 갖게 되면서부터였다. 배가 불러오면서 내 몸은 더 바빠지기 시작했다. 아이 둘을 기르며 기쁘게 할 수 있는 일을 찾아내고 싶었다. 나와 아이들의 삶이 걸린 도전이었기에 정말 있는 힘을 다했다. 그때까지 살면서 경험했던 그 어떤 '최선' 보다도 더 깊고 간절한 최선이 거듭되는 하루하루가 쌓여 8년차에 접어들었을 무렵. 나는 뜻하지 않은 난관을 맞이하게 되었다.

어떻게 이럴 수가 있지? 태어나 가장 열심히 살았던 시간의 결과는 (내가 '특히' 중요하다고 믿고 있던) 모든 것의 상실이었다. 정신을 차릴 수가 없었다. 하지만 어디다 하소연할 데가 있는 것도 아니었다. 다른 누가 아닌 내 스스로의 선택으로 맞이한 결과였기 때문이었다. 나는 오롯이 나를 책임져야 했다. 이 기록은 뜻하지 않은 심연 속에서 내 자신에 대한 책임을 다하기 위한 몸부림의 흔적이다.

죽는 것이 유일한 해결책이라면 죽음마저도 감수하겠다고 각오했던 기억이 난다. 하지만 첫 4주간 내 마음의 디톡스 과정을 거치며, 내가 간절히 살고 싶어한다는 것을 알게 되었다. 그렇다면 길은 하나 아니겠는가? 다행히 바로 맞이한 4주는 "어떻게 살고 싶은가?"라는 다소 뜬금없고 막연할 수 있는 질문을 차근차근 부드럽게 소화할 수 있도록 도와주었다. 그리고 마지막 4주를 거치며 '살고 싶은 그 삶'을 위해 지금 여기서 내가 할 수 있는 그 일이 무엇인지를 구체적이고 명확하게 볼 수 있게 되었다. 그 다음은 정말 저절로 몸이 움직였다.

이 기록을 작성한 지도 4년이 흘렀다. 그렇게 세상이 준 일을 떠나 '어떻게 하면 삶과 상생하는 일을 만들어낼 수 있을까?' 하는 질문에 답을 찾으며 보낸 育我휴직도 10년이 훌쩍 넘어간다. 이 10년은 말 그대로 육아의 시간이었다. 아이와 나 자신을 함께 돌보고 기르는 데 정성을 다하지 않고는 어디서 무엇을 해도 온전한 기쁨을 누릴 수 없으리라는 것을 일찍감치 알아차렸던 덕분에 세상이 '단절'의 시간이라 규정한 짧지 않은 시간을 견딜 수 있었다. 그러나 지나고 보니 '견딘다'는 말은 너무나 부적절한 표현임을 알겠다.

나 자신과의 치열하고도 깊은 소통, 아이들과의 충만한 교감, 눈앞의 성과에 연연하지 않은 폭넓은 지적 탐험 등등 이 시기가 아니었더라면 좀처럼 누리기 어려웠을 보석같은 기쁨을 체험할 수 있었던 것만으로도 지난 10년은 내게 그야말로 충분한 보상을 해주었다.

育我의 한가운데에서 그린 살고 싶은 그 삶의 장면들을 다시 읽어보니 내게 펼쳐진 그 모든 순간들이 내가 그린 꿈풍광을 이루는 장면들이었음을 받아들이지 않을 수가 없다. 그래서 지금 이 순간부로 '꿈'을 꾼다는 표현은 그만하기로 한다. 나는 그저 우주와의 협업을 통해 원하는 현실을 만들어갈 뿐이다.

또 다른 현실을 위해 우리 곁을 떠난 그녀는 어떤 모습으로 다시 나타날까? 설렘 가득 품고 기다려 본다.

또 다른 나, 소나의 <아이를 기다리는 시간>

2022 봄, 〈아이를 기다리는 시간〉 12주 과정이 모두 끝났다. 12주차 과제는 10년 후 나의 10가지 삶의 풍경을 그려보는 것이었다. 11주차까지 내가 해온 작업이 기둥이 되고 토대가 되어 내 삶의 10가지 풍경을 그려보는 것은 설레고 기쁜 작업이었다. 그 모습을 생생하게 그려내며 나는 혼자 여러 번 감격했다. 아직 이뤄진 것도 아닌데 그것을 이룬 것처럼 가슴이 떨렸다. 그저 내가 바라는 내 삶의 풍경들을 그려보는 것만으로도 의미 있는 시간이었다. 한 계단 한 계단 밟아 올라가 만난 10년 후 내 모습은 아름다웠다. 나의 10년 후 10대 풍광을 12주차 과정의 후기로 대

신한다.

1. '숨, 쉼' 공간의 완성(2032.4.23)

오늘은 '숨, 쉼'의 시골 공간에서 첫 수업이 있는 날이다. 5년 전에 이 땅을 사고 5년 동안 우리 가족은 이 집에 숨을 불어넣었다. 이 공간에 들어서는 순간 '쉼'을 느낄 수 있기를 바랐고 그 마음을 담아 하나하나 내 손을 거치지 않은 작업이 없었다. 설비나 기술이 요하는 큰 공사를 제외하고 페인트칠부터 시작해서 화장실과 부엌 타일 작업까지 작은 것 하나하나 나와 신랑이 작업했다. 때로는 모든 것을 다 때려치우고 싶을 만큼 몸과 마음이 모두 힘든 고된 과정이었지만 우리는 서로가 서로를 믿고 의지하며 함께 나아갔다.

집의 외관을 완성하기까지 3년이 걸렸고 내부의 작은 소품부터 시작해 가구까지 모두 신랑이 직접 만들어 공간을 채워 넣었다. 한동안 나는 도자기 공방을 다니며 그릇을 만드는 것을 배웠고, 그때 만들었던 그릇으로 주방장을 채웠다. 제각기 사연을 품고 있는 단출한 그릇으로 주방장을 채운 것을 보니 괜히 마음이 시큰해졌다. 무엇 하나 우리의 손길이 닿지 않은 것이 없었고 모든 소품들은 그 공간과 자연스럽게 어우러졌다. 이제 여기서 나는 엄마들에게 '자기돌봄의 길'을 안내하는 시간을 만들 것이다. 그 시간을 만들기 위해 '돌봄과 쉼'의 기운이 느껴지는 공간을 만드는 것이 나의 오랜 꿈이었다. 그리고 그 꿈은 나의 손길로 완성되었고, 돌봄의 기운이 가득한 이 공간에서 나는 자유롭게 내 꿈을 펼칠 것이다.

2. 자기돌봄 안내자로서의 천직을 오롯이 누리는 삶(2027.4.23)

아이들을 학교에 보내고 집안 정리를 하고 나니 9시 반이다. 샤워를 마치고 카키색 와이드 요가팬츠와 하얀색 랩카디건을 입고 거울을 보며 내 모습을 정돈한다. 편안하면서도 여유로운 미소가 내 마음에 쏙 든다. 1층

상가로 내려간다. 단정하고 아늑한 나의 공간에 들어서니 괜히 분주하던 내 마음도 편안해진다. 물을 끓이고 차를 준비한다. 오늘 수업을 함께 할 엄마들 다섯명이 차례로 문을 열고 들어온다. 따뜻한 차를 마시며 서로의 짧은 소개를 한다. 그녀들은 저마다 각자의 이야기를 품고 있음을 안다. 오늘 우리가 만나게 된 것은 아주 깊고 깊은 인연의 끈을 통해서라 생각하니 그 만남이 더없이 소중하다.

　동그랗게 둘러앉은 엄마들에게 아로마오일을 몇 방울씩 손에 떨어트려 준다. 손을 비벼 어깨에 올리는 순간 긴장은 스르륵 풀리고 마음은 느슨해진다. 눈을 감고 명상을 한다. 그날의 분위기에 따라 명상의 패턴은 달라지지만 오늘은 자애 명상이다. "자기 자비는 모든 자비의 그릇이 됩니다"라는 나의 이야기에 한 엄마가 또르르 눈물을 떨어트린다. 그 모습이 아름답다. 명상이 끝나고 작은 편지지에 자신에게 편지를 쓰는 시간을 갖는다. 나도 나에게 편지를 쓴다. 매번 하는 이 작업을 함께 하는데도 나는 나에게 해주고 싶은 말이 많다. 편지를 쓰는 시간이 끝나면 비즈공에 시간이다. 비즈공예는 나를 위해 나만의 액세서리를 만드는 작업이다.

　이 시간이 의외로 중요하다. 어린 시절의 나로 돌아가 예쁘고 귀여운 것들을 상상하며 작디작은 구슬을 하나씩 엮는다. 나를 위해 정성을 들여 액세서리를 만들어 본 경험은 나를 사랑하는 감각적 경험 중 하나이다. 그리고 이 액세서리를 볼 때마다 자신을 사랑하고, 자신을 돌보라는 의미도 있다. 그것은 몰입의 시간임과 동시에 큰 기쁨을 준다. 이 시간들이 그녀들에게 삶의 작은 씨앗이 되어 주리라. 그녀들은 액세서리를 만들며 꺄르르 웃고 또 울며 내 안의 나와 만나는 시간을 갖는다. 목걸이, 팔찌, 반지 등 각자 자신만의 액세서리를 하나씩 만든 그녀들은 작은 봉투에 그것을 넣어 색색의 리본으로 예쁘게 묶는다.

　그리고 명상 후에 쓴 편지와 함께 자신에게 선물을 하는 것이다. 생에 가장 아름답고 소중한 선물이 되리라고 믿는다. 그녀들이 액세서리를 만드는 동안 나는 점심을 준비한다. 솥에 새 밥을 짓고, 어제 엄마가 정성스럽게 만들어주신 반찬 3가지를 담는다. 방울토마토와 블루베리로 장식하고, 텃밭에서 따온 싱싱한 야채로 준비한 샐러드가 먹음직스럽다. 엄마의 정성과 사랑이 담긴 밥상은 그 자체만으로도 그녀들에게 진한 감동과 깊은 위로를 준다. 우리는 함께 밥을 먹으며 서로의 이야기를 나눈다. 음식을 통해 마음이 치유된다. 평생 엄마의 음식을 먹으며 자라온 나는 그 힘을 알고 있다. 우리는 음식을 먹는 것이 아니라 나를 위한 정성과 사랑을 먹는다. 내가 직접 담근 매실차와 어제 저녁에 만들어둔 쿠키로 디저트까지 완벽하게 마무리한다. 오늘도 세시간이 마법처럼 순식간에 지나갔고 나는 그녀들과 따뜻한 포옹을 하며 모든 일정을 마쳤다. 마지막으로 서로가 서로의 그리고 자신의 행복을 마음 다해 빌어주었다. 어디서든 다시 또 그녀들을 만날 것 같은 예감이 들었다. 문을 나서는 그녀들의 맑고 개운한듯한 얼굴을 마주할 때마다 나는 깊은 희열을 느낀다.

3. 가족 산티아고 순례길 걷기(2030.2.2)

걷기 여행을 가기 싫다는 아이들을 반협박으로 이곳에 데리고 온 이유는 경험으로 알게 해주고 싶다는 나의 오랜 바람이었다. 우리는 끝이 보이지 않는 길고 긴 길 위에서 얻게 되는 것들이 있기 때문이다. 그래서 나는 아이들과 신랑과 함께 이 길을 걷고 싶었다. 다양한 이유로 세계의 수많은 사람들이 이 길을 걷는다. 왜 이 길일까. 왜 이 길이어야만 할까. 이 길 위에서 우리는 어떤 것들을 얻고 어떤 것들을 잃게 될까. 나는 궁금했다. 그래서 나는 직접 경험해 보고 싶었고, 나보다 앞으로 살아갈 날이 훨씬 많은 아이들에게도 그것을 느끼게 해주고 싶었다. 나 혼자 아는 것은 아무 소용이 없다는 것을 나는 이미 알고 있기에 함께 하는 경험을 통해 우리 가족이 모두 함께 그것을 공유하기를 바랐다.

여행의 시작에서부터 왜 이 힘든 길을 단지 걷기 위해 이 멀리까지 와야 하는지 아이들은 불만스러웠다. 그러나 순례길을 걷고 나서 얼마되지 않아 아이들의 불만은 우리가 네모난 학교 책상에 앉아서는 도저히 알지 못했던 새로운 세상의 풍경과 이야기들에 놀람과 감탄으로 변했다. 그 길 위에서 만난 세계 각국의 사람들은 아이들에게 환한 웃음과 따뜻한 마음을 보여주었고, 아이는 처음에 당황했지만 금방 그런 상황에 적응해갔다. 신랑보다 더 여유로워진 얼굴과 눈빛을 나는 금방 감지할 수 있었다. 아이들은 스펀지 같은 존재이다. 나의 세계가 아이들의 세계다. 내가 넓은 세계를 보고 내가 다양한 감각과 경험을 자유롭게 받아들일 때 아이들도 그럴 수 있다. "힘들다"라며 툴툴거리며 이야기하면서도 자신을 스쳐가는 순례자들에게 눈인사를 잊지 않는다. 이제 막 이 길에 들어섰다. 많은 고난이 예상되리란 것을 안다. 그러나 그 고난뿐만 아니라 앞으로 자신에게 일어날 더 큰 고난들을 이겨낼 마음의 힘을 이 길 위에서 모두 얻게 되리란 것을 또 알고 있다. 가방 안에 3개의 운동화가 터지고 찢어질 때까지 걷고, 걸으며 우리 가족은 어떤 소중한 것들을 가슴에 품게 될지 설렌다.

4. 공직자 워킹맘을 대상으로 '자기돌봄' 강연(2026.9.21)

오늘은 도청에서 강의가 있는 날이다. 바로 도청으로 출근해도 된다는 과장님의 배려에 아침에 아이들을 학교에 보내고 집을 정리하고 여유롭게 출근 준비를 한다. 오늘은 무슨 옷을 입으면 좋을까. 오프라인 강의가 있는 날은 의상에 더 신경이 쓰인다. 이것이 강의를 하는 나만의 기쁨의 의례이기 때문이다. 검은색 에이치라인으로 떨어지다가 무릎선에서 차르르 퍼지는 치마를 골랐다. 그리고 화사한 살구색 쉬폰 블라우스. 새끼손가락

손톱만 한 진주 귀걸이와 단발머리에 살짝 볼륨을 넣으면 오늘의 강연 스타일 완성이다.

커피 한 잔을 테이크 아웃해서 도청으로 향하는 길이 여행 가듯 설렌다. 오늘도 공무원 워킹맘들이 강연장을 가득 메웠다. 지난달에 했던 강의에 후기가 엄청 좋아서 이번에는 도청 대강당에 강연 장소가 마련되어 있었다. 교육담당 주무관은 도청 교육 역사상 이렇게 호응이 좋은 강의는 처음이라고, 자기도 5살 아이를 둔 엄마라서 내 이야기 하나 하나 모두 공감 되고 좋았다고 내 강의를 듣고 자신을 위해 벨리댄스 학원에 등록했다고 쑥스러워하며 이야기했다. 너무 잘했다고, 언제 한번 벨리댄스 같이 추자며 웃으며 이야기하니 "아이에게 늘 죄책감을 가지고 있었는데 작가님 강의를 듣고 그런 마음이 많이 사라졌어요. 감사합니다"라며 손등으로 눈물을 훔친다. 나는 얼른 가방에서 자수가 놓인 손수건을 꺼내어 주며 "그렇게 이야기해 줘서 내가 더 고마워요"라고 말하며 그 직원을 꼭 안아 주었다. 환하게 웃는 그녀의 함박웃음에서 나는 빛을 보았다. 내가 그 빛을 따라 여기까지 왔음을. 그 빛이 나의 소명이었음을 나는 이제 확신할 수 있었다.

5. 발리에서 요가하기(2026.4.23)

사방이 탁 트인 초록 초록한 자연의 공간, 세계 각지의 사람들이 '요가를 하기 위해' 이곳에 왔다. 나도 마찬가지이다. 나도 요가를 하기 위해 이곳에 왔다. 왜 사람들이 요가를 하러 이곳에 오는지 알고 싶어 왔다. 알 수 없는 언어들 사이로 오로지 나의 몸에 집중한다. 수업을 하시는 선생님은 발리 요가계에서 가장 이름난 '아난다' 선생님이다. 운명처럼 아난다 선생님과 이름이 같다. 이런 운명이 이제 나에게는 놀랍지 않다. 내가 깨어난 순간부터 내 삶은 믿을 수 없을 만큼 놀라운 일들이 나에게 펼쳐

졌고, 지금 내가 여기에 와 있는 순간도 그 일들 중 하나이다. 아난다 선생님은 60세가 훌쩍 넘는 나이지만 몸은 탄탄했고 피부는 빛이 났다. 한 동작의 멘트마다 입꼬리를 살짝 올리는 미소만으로도 새로운 공간에서 긴장된 나를 완전히 풀어 헤치게 만들었다.

선생님의 부드러운 안내로 손끝을 뻗으며 허리를 곧추세우니 내 몸은 대지와 하늘의 기운이 만나는 듯 발끝에서부터 전율이 올라와 손끝으로 전해진다. 그 순간 그 공간에는 아난다 선생님도, 수강생도, 공간도 그 무엇도 존재하지 않고 요가 동작을 하는 나만 존재한다. 하늘과 땅의 기운을 오롯이 느끼며 나 이외의 세상은 정지 버튼이 눌러진 것 같다. 지구가, 우주가 나를 중심으로 돌고 있는 이 생생한 느낌을 느끼며 나는 존재했고, 동작 하나하나를 할 때마다 절정을 경험했다. 섹스를 하지 않고도 내 몸 그 자체만으로도 오르가슴을 경험할 수 있다는 것이 무슨 말인지 이제 정말 이해할 수 있게 되었다.

6. 고등학생 민제와 중학생 민우가 둘이서 함께하는 독립여행(2032.3.5)

아주 오래전 나는 그냥 흘러가듯 큰아이에게 "민제가 고등학생이 되고 민우가 중학생이 되면 둘이 비행기 타고 여행을 떠나봐. 어디든 좋아. 엄마가 지원해 줄게. 그런데 해외여행 경비를 지원해 주는 것은 20살이 되기 전까지야. 그 후에 여행을 가고 싶다면 그건 너희가 아르바이트를 하든 일을 하든 스스로 번 돈으로 가야 하는 거야. 20살 이후로는 네 삶을 너희들 스스로가 책임져야 되는 시기니까 말이야"라는 말을 한 적이 있었다. 그런데 18살이 된 민제가 여름방학을 시작하기 전에 나에게 "민우랑 방학 때 2주 동안 그리스에 가기로 했어요. 엄마가 20살 이전까지의 해외여행 경비는 지원해 주신다는 말씀하신 거 기억나시죠? 비행기 표랑 숙소 모두 체크하고 계획서 만들어서 엄마 메일로 보내놨으니 예약해 주세요” 내가 흘리듯 했던 그 이야기를 아이가 진심으로 받아들이고 있었다는 것을 나는 생각도 못 했었다. 나는 잠시 당황해서 “응..그래..엄마가 확인해보고 이야기해줄게..” 하고 대답했고, 아이는 의기양양한 표정을 지으며 그리스로마신화 책을 들고 자기 방으로 들어갔다. 나는 메일을 열어 아이가 보낸 계획서를 보고 깜짝 놀랐다. 거의 30페이지에 달하는 계획서에는 자신들의 비행기 표부터 시작해 숙소, 기차, 이동 경로, 근처에 식당 정보와 각 관광지의 입장료와 휴무일까지 빼곡하고 세밀하게 적혀있었다. 철저한 계획이 있어야 내가 이 여행을 허락할 것을 아이들도 이미 알고 있었기 때문에 아이들은 자신들의 모든 정보력을 활용해 오랜 시간 공을 들여 이 계획서를 만들었을 것이다. 어렸을 때부터 그리스 로마신화를 좋아했던 아이들은 이제 책이 아닌 그 현장에 가보고 싶었던 것이다. 책이 아닌 경험을 통해 자신의 지식을 만나고 싶었던 것이다.

뭐 하나 손댈 게 없는 이 탄탄한 계획서에 나는 놀라지 않을 수 없었고, 지금 당장이라도 비행기 티켓 결제를 해주고 싶었지만 여행의 간절함을 상승시키기 위해 며칠의 시간을 두기로 했다. 뭐든지 그냥 얻어지는 게 없다는 것을 아이들에게 가르쳐주고 싶다. 아직 어린아이들 둘이 어떻게 그리스까지 보내냐고 노발대발할 신랑도 다독이려면 시간이 필요하겠다. 모든 것은 처음이 어렵다는 것, 그러나 그 첫 어려움을 극복하면 앞으로의 어려움들을 이겨낼 힘이 생긴다는 것. 이번 여행을 준비하며 우리 가족 모두가 경험으로 알게 될 것이다. 나는 아이가 보낸 메일에 답장을 보냈다. “예산이 과다하므로 좀 더 예산을 절약해서 다시 제출할 것”

7. 신랑이 가구 만드는 취미로 삶의 기쁨 발견(2025.2.1)

“나 이번 주말부터 당신 책상을 만들어보려고.” 함께 저녁을 먹던 신랑이 까만 눈동자를 빛내며 이야기했다. 신랑은 작년부터 집 가까운 나무

공방에 가구를 만드는 법을 배우고 있었다. 신랑은 오랫동안 특별한 취미 활동 없이 아이들과의 여행을 삶의 기쁨으로 가장 우선순위를 둔 사람이었다. 나는 그런 신랑이 자신만의 기쁨이 넘치는 활동을 찾기를 늘 바랐는데 작년 1월 1일 함께 해돋이 여행을 갔다가 오는 길에 신랑이 먼저 "나, 가구 만드는 것을 배워보고 싶어"라고 이야기해서 우리 가족 모두 물개박수를 치며 신랑의 새로운 도전을 응원해 주었다. 그리고 신랑은 집 근처에 있는 가구 공방에 수업을 등록했고 일주일에 두 번씩 퇴근하고 또는 주말에 공방을 가기 시작했다. 처음 수업을 다녀온 신랑의 반짝반짝 빛나던 모습을 기억한다. 나무를 재단하고, 자르고, 사포를 문지르고, 각을 맞추는 작업이 너무 재밌다고. 살면서 이렇게 재미있는 일이 있는지 처음 알았다고.

인생은 길고 아이들은 금방 자란다. 아이들과 함께 하는 시간도 소중하지만 아이들이 자기만의 길을 가기 전에 신랑이 자기만의 보물을 발견하기를 바랐다. 그런데 정말로 그 보물을 발견한 것이다. 그것도 어떠한 시행착오 없이 자연스럽게 말이다. 신랑은 감각이 예민한 사람이어서 아주 오래도록 신중히 자신의 취미생활에 대해 고민했고, 수없이 자기 스스로에게 질문했고, 그리고 오래 걸렸지만 결국은 스스로 결정하고 그 결정을 실천했다. 나는 신랑이 정말 자랑스러웠고 내 책상을 만들어주고 싶다고 말하며 눈을 반짝이는 신랑을 꼭 안아주었다. 서로의 기쁨과 기쁨이 만나 우리는 하나가 되었다.

8. 아빠는 조울증 극복기를, 엄마는 요리책 출간(2028.11.17)

오늘은 우리 온 가족의 파티날이다. 삼촌, 고모, 이모네까지 모두 모였다. 사촌들부터 그 아이들까지 다 모이니 30명은 넘는다. 큰고모의 시골 집 마당에 큰 테이블을 놓고 꽃으로 장식을 했다. 풍선을 달고 현수막을 걸고 꽃 장식을 다시 다듬으며 언니와 나는 정신이 없지만 세상 행복한 표정이다. 고모들과 엄마가 준비한 음식을 뷔페식으로 차려놓고 커다란 3단 케이크를 테이블 위에 올려놓았다. 케이크에는 '이상철&김현숙 출간을 축하합니다'라는 글씨가 새겨져 있다. 아빠는 자신의 조울증 일기를 꾸준히 기록으로 남겼고 그 기록을 내가 타이핑을 해서 정신건강 관련 서적을 출판하는 출판사에 투고를 했고 놀랍게도 출판사에서 출판을 해보자는 연락이 왔고, 그래서 모든 것은 일사천리로 진행될 수 있었다. 엄마의 요리책은 독립출판을 통해 출판을 했다. 내가 사진을 찍고 엄마가 레시피를 쓰고, 그 음식에 대한 서로의 추억을 엄마와 내가 일기 형식으로 기록을 한 것이다. 엄마와 아빠의 책 작업이 책이라는 목표를 가지고 작업을 한 것은 아니고 각자의 기쁨을 위한 일이었다. 각자의 기쁨이 결국은 우리 가족에게 더 큰 기쁨이 되어 돌아왔다.

엄마, 아빠는 가족들에게 자신의 책에 대해 이야기하며 얼굴에 웃음꽃이 피었다. 자신의 이야기를 하는 존재의 눈빛이 어떤지, 그 존재에서 어떤 기운이 흐르는지 나는 잘 알고 있다. 내가 하는 일이 그런 일이기 때문이다. 엄마, 아빠에게서 그 아름다운 기운이 흐른다. 각자 자신에게 주어진 길을 온몸으로 이겨내며 걸어온 시간들이 이 책 안에 있다. 모든 준비가 끝나고 가족들이 테이블 주위로 의자에 모여 앉았다. 아빠와 엄마는 케이크 앞에 서 있다. 신랑이 사회를 보며 "오늘의 주인공들의 한 말씀이 있겠습니다"라고 이야기하자 아빠는 벅차오르는 감정을 진정시키며 이야기한다. "인생은 알 수 없는 것이라는 노래 제목이 갑자기 생각납니다. 나이 일흔에 책을 출간하다니요. 제 삶을 갉아먹으며 저를 절벽으로 내몰았던 조울증이라는 병이 사실은 제 삶을 살렸습니다. 제가 살린 것이 아니라 저희 가족이 살려준 것입니다. 차마 꺼내기도 부끄러운 지난날들을 참고 견뎌준, 그 칠흑같이 어두운 시간을 함께 해준 아내와 딸들에게 이

영광을 돌립니다." 아빠의 짧은 이야기에 엄마와 언니, 나는 기쁨의 눈물을 흘렸다. 소감 한 말씀하시라는 신랑의 이야기에 엄마는 울음샘이 터져 말을 잇지도 못했다. 그저 작게 "여기 와주신 분들께 감사하며, 음식들 맛있게 드시라"라며 손을 내저었다. 엄마가 아무 말 하지 않아도 우리 모두는 잘 알고 있었다. 우리 가족의 모든 여정에서 엄마야말로 우리 가족 최고의 신화였음을. 가장 빛나는 여정을 가장 묵묵히, 피하지 않고, 온 힘을 다해 걸어온 엄마의 삶을 우리는 아무 말 하지 않아도 가장 잘 안다. 때로는 아무 말이 필요 없는 순간들이 있다.

9. 〈아이를 기다리는 시간〉 10주년 기념 파티(2032.7.31)

2022년 봄, 〈아이를 기다리는 시간〉을 수료하고 10주년을 맞았다. 나는 〈아이를 기다리는 시간〉을 마치고 그 경험을 토대로 책을 썼다. 나의 생생한 자기돌봄의 이야기가 담긴 글은 브런치 공모전에서 대상을 받았고, 그 계기로 인해 〈아이를 기다리는 시간〉 프로그램이 세상에 알려지기 시작했다. 이제야 보물 같은 그 프로그램이 세상에 빛을 본 것이다. 아난다 선생님은 밀려드는 프로그램 수강문의를 응대하기 위해 따로 상담 예약 직원을 고용 해야 했고, 일 년에 두번 진행되는 이 과정은 5년 치 대기가 있을 만큼 유명해졌다.

〈공간살림〉 프로그램이야 말할 것도 없다. 아난다 선생님이 초기에 기획하신 대로 지역을 기반으로 한 온 오프라인 생활명상 플랫폼이 구축되면서 전국 각 지역마다 오프라인 〈공간살림〉 생활밀착형 수행공동체가 구성되었다. 이제 전국 어느 지역에서도 아난다 프랙티스 지부를 찾을 수 있다. 오늘은 〈아이를 기다리는 시간〉 마지막 워크숍을 한 지 10년째 되는 날이다. 나는 〈아이를 기다리는 시간〉 10주년을 맞아 '숨, 쉼'공간으로 아난다 선생님과 수정언니를 초대했다. 아난다 선생님은 터키에서 〈생기

살림)강연을 마치고 바로 인천공항에서 케이티엑스를 타고 이곳으로 오신다고 하셔서 역에 마중을 나와 있다. 수정언니는 어제 치유센터 개관식이 있어서 몸과 마음이 지쳤을 텐데 기꺼이 가족과 함께 이곳으로 오신다고 하셨다. 우리는 그저 각자의 자리에서 자신의 삶을 정성스럽게 살았을 뿐인데 어느새 돌아보니 우리가 바랐던 그곳에 와 있었다. 이제 곧 함께 만날 생각을 하니 가슴이 뛰어 공간을 정돈하는 일이 손에 잡히지 않는다. 그러나 상관없다. 지금 이대로도 충분하기 때문이다. 서로의 부족함과 아픔, 상처까지 가감 없이 내보여준 우리이기 때문에 그 무엇도 부끄러울 것이 없다. 우린 이미 지금 이대로가 충분하다는 것을 알고 있는 존재들이기 때문이다. 아난다 선생님이 지난날 우리에게 해주셨던 말씀들이 결국 나의 삶에 녹아들어 이제는 진정한 내가 되었다.

10. 다시, 스위스(2032.10.20)

결혼 10주년에 오자고 약속했던 스위스 루체른에 19년 만에 오게 됐다. 금방이라도 알프스 소녀 하이디가 튀어나올 것 같은 예쁜 언덕에 멀리 호수가 내다보이는 파란 지붕이 인상적인 집에서 우리는 2주 동안 지내기로 했다. 남편과 나. 아이를 낳고 처음으로 둘이서 함께하는 여행에 가슴이 뛴다. 학교 때문에 함께 하지는 못한 아이들이 영상통화가 온다. 걱정하지 말라고, 우리는 아주 잘 지내고 있다고, 진로 때문에 고민도 많고 여자친구와 다투어서 속상하지만 그것 빼고는 아주 평온하다며 웃음 짓는다. 엄마, 아빠도 그때 그런 고민들이 참 힘들었지만 모든 건 다 과정이라고. 치열하게 고민하고, 때론 지치기도 하고, 그럼 또다시 일어나서 도전하는 그런 시기를 지나는 중이니 너무 애쓰지 말고 그 과정을 즐기라고. 이런 엄마, 아빠가 꼰대 같아 보이겠지만 엄마, 아빠가 산증인이라며 아이에게 사랑한다고 말한다. 아이는 호탕하게 웃으며 지금부터 더 치열하게 고민할 테니 이제 우리는 신경 쓰지 말고 두 분이서 재미나게 여행하고 오시라며 손을 크게 흔든다. 사랑한다는 말도 잊지 않는다. 남편과 따뜻한 커피 한잔을 내려 예쁜 마을이 내다보이는 창가에 살며시 앉는다. 풍경이 아름다워서인지, 내 삶이 아름다워서인지 모르겠지만 나는 자꾸 눈물이 흘렀다. 그냥 모든 것이 아름다워서.

12주간의 〈아이를 기다리는 시간〉 과정이 드디어 막을 내렸다. 7월 31일 밤 10시에 시작한 12주차 마지막 워크숍은 새벽 2시가 넘어 끝이 났다. 시간이 지날수록 몸은 피곤했지만 정신은 더 또렷해지는 느낌이었다. 모든 과정을 통과하며 또 12주차 미팅에서도 깨달을 수 있었던 한 가지는 나는 아빠에 대한 트라우마를 여전히 벗어나지 못하고 있는 것이다. 다행히 그 문제에 대해 직면할 수 있는 힘이 생기긴 했지만 나는 여전히 그 부분에서 벗어나지 못하는 지점이 있다. 아주 어린 시절부터 켜켜이 쌓인 긴장은 여전히 내 몸 여기저기에 들러 붙어있다. 당연하다. 37년 동안 쌓인 긴장이니 오랜 시간이 걸리는 것은 당연하다. 조급해하지 않고, 포기하지 않고, 한 꺼풀씩 풀어나가면 된다.

아난다 선생님은 말씀하셨다. 내가 아빠를 편안하게 느낄 수 있게 되면 모든 것이 해결된다고. 여전히 나는 아빠가 불편하고 아빠의 조울증 상태에 따라 감정 기복이 심한 나를 본다. 여러 작업과 과정을 거치면서 많이 해결했다고 생각했는데 며칠 전 또 아빠가 조증이 발현되면서 마음에 폭풍이 일었다. 예전에는 그 폭풍 안에서 어찌할 줄 몰랐다면 지금은 그 폭풍을 내가 바라볼 수 있게 되었다.

바라본다. 폭풍이 일어나는구나. 마음이 심란하고 불편하구나. 이 상황을 회피하고 싶구나. 그런 나의 마음을 바라본다. 마음을 바라본다고 해서 크게 달라지는 건 없다. 아빠의 증상도 마찬가지. 약을 조절해서 약으로 아빠의 증상이 조절되기를 기다린다. 그 사이 아빠 스스로에게 해가 될 행동을 하지 않는지 지켜보며 기다린다. 그것 말고는 내가 할 수 있는 것이 없다. 이게 조울증 환자를 둔 가족의 한계이다.

자신의 마음을 자신의 마음대로 어찌할 수 없는 마음의 병을 가진 사람, 그게 우리 아빠다. 그런 아빠를 편안하게 느낄 수 있으려면 얼마나 더 걸릴까. 이런 아빠를 받아들이기까지도 참 오래 걸렸는데 말이다. 조급해하지 않는 것. 이게 핵심일지도 모르겠다. 내가 저항을 느끼지 않을 만큼 촘촘하게 나의 저항과 마주할 것이다. 뒤로 물러서지 않고 한 발 한 발 나아갈 것이다. 지금까지 그래왔던 것처럼.

〈아이를 기다리는 시간〉 과정을 통해 나는 정신적으로 단단해졌을 뿐만 아니라 나의 강점 및 재능에 대해 여러 작업을 통해 나를 더 깊이 알 수 있었다. 내가 가진 보물을 깨알같이 찾아 발견하는 작업은 나 스스로에 대한 믿음을 다시 한번 다지는 작업이었다. 나는 보물이 가득 한 보물 창고의 열쇠를 손에 쥔 사람이었다. 그것을 나 스스로 믿기만 한다면 말이다. 지금까지 그게 그토록 어려운 일이었다. 이 과정이 아니었다면 아마 영원히 몰랐을지도 모르겠다. 머리로만 아는 것이 아닌 감각적 경험이 이 과정 안에 모두 있다. 지금까지 만날 수 없었던 실체를 경험하게 된다.

내가 나에 대해 아는 것이 이토록 얇고 좁았다니. 매회기 워크숍을 거치며 나는 매 회기 놀랍고 매 순간 감동적이었다. 아난다 선생님의 따뜻하고도 예리한 통찰력과 정성스러운 가이드를 받았던 12주는 내 인생에 최고의 선물 같은 시간이었다. 매주 너무 큰 선물을 받아서 기쁨에 겨운 날도, 감동에 눈물을 흘린 날도, 생의 축복을 맛본 날도 있었다. 아니 사실 12주 동안 모든 날이 그러했다.

매주 과제를 하며 그 과제가 버겁게 느껴져 한숨 쉬어지는 날들, 새벽마다 과제 앞에서 아침을 맞던 날들, 아이들 돌봄의 시간이 많았던 때 과제에 집중할 수 없어 동동거렸던 날들, 과제를 하며 나를 위해 울고 또 울었던 날, 또 함께하는 도반과 선생님과 함께 울고 웃었던 그 수많은 날들, 과제를 마칠 때마다 개운해지던 그 마음까지.

지금 돌이켜 보면 모든 날이 좋았다. 어느 하나 귀하지 않은 시간이 없었다. 눈물이 빛이 되는 순간들이었다. 나는 이 과정을 통해 내 삶을 축복하게 되었다. 〈공간살림〉이 일상의 기쁨을 발견하는 작업이었다면 〈아기시〉는 지금까지의 내 삶을 아주 정성스럽게 돌보며 내 숨의 맛까지 느껴보는 작업이었다. 그리고 그 정성스럽게 돌본 시간들을 통해 또 앞으로의 내 삶까지 그려보는 시간이기도 했다.

향후 10년을 바라본 작업이라니. 이 얼마나 귀하고 값진 작업이란 말인가. 3개월 동안 아이를 기다리며 나를 돌보았던 시간을 통해 나는 아이들을 더 사랑할 수 있게 되었고 나를 더 깊이 사랑하게 된 것은 물론이다. 나의 얕은 이 숨까지도 사랑하게 되었다. 그렇게 지긋지긋해하던 나의 긴장마저도. 그것도 내 삶의 일부였고 그 긴장이 없었다면 나는 지금까지 그 괴로웠던 날들을 버티지 못했을 것이다. 긴장이 나를 지탱할 수 있는 힘이었다. 나의 최대 단점이자 내가 가장 힘들어했던 내 몸을 휘감았던 그 긴장감이 결국 나를 살게 하는 힘이었다는 것을 알았을 때 가장 질긴 긴장의 끈이 탁하고 풀어헤쳐지는 느낌이 들며 어깨에 힘이 쫙 빠졌다. 이제야 내 몸과 마음이 통합되기 시작했다. 머리로 알던 것을 몸으로 알게 되었을 때에만 느낄 수 있은 이 감각을 내가 느끼게 된 것이다.

이 과정을 통해 나의 모든 억압과 나의 문제들이 해결되었다는 것이 아니다. 이제 막 나를 파헤치고 봉합하는 작업을 마쳤을 뿐이다. 아직 가야 할 길이 멀다. 그 먼 길을 지치지 않고 가기 위해 힘들 때마다 꺼내어 응급처치를 할 수 있는 구급약, 오직 나만을 위한 긴급 처방전을 마련했을 뿐이다.

그러니 지레 두려워할 필요가 없다. 응급약을 가지고 떠나는 긴 여행은 나의 철저한 준비성을 확인하고, 또 스스로 자가 치료를 할수 있는 힘을 기르는 시간이 될 것이다. 나는 그 길에서 만나는 기쁨을 그저 누리기만 하면 된다. 그 과정 중에 크고 작은 상처들이 있을 수 있지만 그럴 때는 구급약을 꺼내 치료하면 된다. 내가 3개월 〈아기시〉를 통해 얻은 가장 큰 능력이 바로 그것이다.

거센 파도가 이는 바다 한가운데 몸을 담그고 그 파도를 피하지 않고 오롯이 몸으로 파도를 맞으며 지나온 지난 3개월이 파노라마처럼 나를 훑고 지나갔다. 기쁨으로 이 시간을 오롯이 누릴 수 있어 감사하고 행복한 시간이었다. 매주 리뷰 작업을 하고도 다시 최종 리뷰를 쓰는 이유는 나를 위해서이다. 너무 자주 이 엄청난 깨달음을 잊고 바닥으로 곤두박질 치곤하는 나를 위해 이 글을 썼다. 나 스스로를 상기시키기 위해 이 글을 쓰는 지금 이 마음을 내가 오래도록 잊지 않았으면 좋겠다. 잊어도 상관 없다. 다시 꺼내 볼 나의 이야기가 지금, 여기 있다.

또 다른 나, 파랑의 <아이를 기다리는 시간>

이번 주 과제는 지난 시간에 내가 그렸던 목적지, 그곳으로 떠나는 여행이다. 나의 10년 여정에서 만나게 될 사랑스런 장면들, 그곳에서 보고 들은 10가지 풍광들을 그려내는 시간이다. 그간 과거와 현재를 샅샅이 탐험하고 즐겼다면 이제 미래로 떠나볼 참이다. 사랑스럽게 그려낸 나의 미래로!

두렵고 막연하기만 했던, 책임과 의무에 휩싸여 도저히 상상할 수 없었던 미래. 버거운 현실 앞에서 숱하게 도망치고 싶었지만, 도무지 무지갯 빛 미래를 상상할 수 없어 도망치지도 못했던 나. 그랬던 내가 미래를 꿈꾼다. 내가 만들었던 보물지도의 목적지, 그 지점에 다다른 내 모습을 상상해봤다. 그 순간 속으로 초대된 나. 마치 지금 내 눈앞에 펼쳐진 것처럼 온몸으로 그 장면 속의 나를 느껴보았다.

(이 풍광을 올릴까 말까 잠시 고민했었다. 누군가 얼마나 잘 되나 보자 감시할 것만 같아서. 그리고 훗날 실패자로 낙인찍힐까 두려운 마음에 늘 망설였었다. 내 꿈 이야기하기를. '그저 꿈꿔도 된다'고 '두려움 없이 꿈꿔도 된다'고 나에게 말해주며 나의 10년 풍광을 펼쳐본다.)

1. 스스로를 찬미할 수 있는 여인이 된다. (2030.3.26)

찬미! 수정! 스스로를 찬미할 수 있는 여인이 되었으니, 오늘도 황홀한 아침! 매일 글을 쓰며 나를 깨우는 이 시간이 참 좋아. 오늘도 창문을 활짝 열고 차가운 그 공기를 들이마시며 상쾌하게 시작하고 있어. 그리고 글을 쓰지. 나의 이야기를 듣는 시간. 내게는 가장 편안하고 사랑스러운 시간이야. 10년간 해오다 보니 이제 누구보다 내가 나를 제일 잘 안다는 확신이 들어. 그래서 사실 그 어떤 순간에도 크게 두렵지가 않아. 두려움 없이 변화에 뛰어드는 거, 네가 그토록 원했던 일들이 이제 내게 너무나 자연스럽게 이루어지고 있어. 두려움이 일렁이던 그 순간들도 기꺼이 마주하며 변화와 혼돈 속에서도 어느새 안정감을 되찾고 있는 너를 보게 되더라.

2. 충만한 사랑과 평화 속에서 숨쉬는 우리 가족 (2032.5.8)

평안하다. 오랫동안 열망했던 우리 가족의 평화. 엄마는 더 이상 자신의 삶을 서러워하지 않는다. 요즘은 아빠랑 함께 하는 시간이 즐겁다며 미소짓고 있는 우리 엄마. 무기력하기만 했던 아빠는 엄마와 등산을 다니시며 많이 달라지셨다. 우리 아빠가 이렇게 활력 넘치는 사람이었나? 동생은 이제 뷰티플래너로 열정적으로 일하고 있다. 수면제 없이는 잠을 이루지 못했던 그녀가 잘 먹고 잘 자고, 열정적으로 자기 일에 심취해있는 모습을 보니 꿈만 같다. 이렇게 건강미 넘치는 여인이 될 줄은 몰랐는데…… 오랫동안 내가 해결해야 할 숙제처럼 여겼던 우리 식구들. 10년 전 그때, 그들을 위해 애쓰는 삶이 아닌 나 자신에게 집중하는 시간을 갖길 참 잘했구나. 스스로를 채워나갔던 그 시간이 이들을 있는 그대로 품어줄 수 있게 만들었구나. 이들을 온전히 수용할 수 있는 그릇이 되게 했구나. 나를 채워나가며 내 그릇을 넓혀나갔던 그 시간들이 오늘도 참 감사하다.

3. 나만의 〈치유 탐험〉 콘텐츠 (2027.7.1)

하루하루가 기쁨으로 차오르고 있다. 갈급하기만 했던 나란 존재가 어느새 차올라 이런 기쁨을 나눌 수 있는 존재가 되다니. 자신이 얼마나 소중하고 사랑스러운 존재인지를 깨닫고, 얼굴에 빛이 돌고 있는 그녀들을 마주할 때마다 나는 살아있음을 더 생생히 느낀다. 천직을 찾아 헤매던 그때가 생각난다. 이 뜨거운 사랑을 나누고 싶다는 열망은 있었으나, 나조차 나를 아직 온전히 믿지 못하여 한발도 내딛지 못하고 머뭇거리기만 했던 그때, 이 열망을 알아봐 준 고마운 존재들. 나를 드러낼 수 있도록 온 마음 열어 함께해준 고마운 인연들. 그토록 숨기고 싶었던 것들을, 나조차 애써 모른 척하고 싶었던 것들을 어떻게 그렇게 과감하게 꺼내 놓을 수 있었을까. 무르익어가는 나를 보며 새삼 그 고마운 인연들께 깊은 감사가 올라 온다.

4. 자신의 빛을 내고 있는 아이들 (2032.3.20)

이제는 자신들이 얼마나 사랑스러운 존재인지를 더 이상 의심하지 않는다. 지난 10년간 우리는 교감하며 몸으로 수많은 사랑의 메시지들을 주고 받았다. 그 체험들이 아이들 온몸에 스며 빛을 뿜는다. 그렇게 자신이 품은 빛을 맘껏 드러내며 참 예쁘게 자라주었다. 20살, 18살. 이런저런 탐색과 시도들을 해오며 자신의 길을 만들어가고 있는 아이들. 느긋한 마음으로 그저 흐뭇하게 지켜볼 수 있어서 참 좋다. 실패할까 두려워 가장 안전한 길을 찾아 대령하는 삶이 아니라, 그저 이렇게 한 발짝 떨어져 스스로 일구어 나가는 저 아름다운 모습을 볼 수 있다는 것이 얼마나 감격스러운지. 언젠가 부모님에게 보기만 해도 기쁨이 샘솟는 딸이 되고 싶다 했건만, 그 마음을 딱 지금 내가 느끼고 있네. 보기만 해도 기쁨이 샘솟는 딸들이 내 옆에 있다.

5. 풍요로운 밥상 풍경 (2025.10.30)

오색 빛으로 잘 차려진 밥상을 마주하며 넘실거리는 풍요를 만난다. 싱싱한 재료로 그 식감과 맛을 제대로 살려낸 요리들. 사랑 가득 담긴 정성스런 손길이 가닿아 만들어진 밥상. 늘 이 밥상 앞에서 나는 충만감에 벅차오르곤 한다. 이 풍요로운 밥상을 내가 차려낼 수 있다니, 보기만 해도 몸 안에 기운이 가득 차오르는 것이 느껴진다. 편식하던 가족들은 음식에서 기쁨과 사랑을 만나고 있다. 음식 앞에서 게걸스러워지던 내가, 식탐 많은 나를 미워하던 내가, 맘껏 음식을 탐험하고 돌아와 누리는 이 기쁨. 이 기쁨을 사랑하는 이들과 나눌 수 있어 참 행복하다.

6. 살아 숨 쉬는 사진전 (2029.10.3)

그 순간의 아름다움을 놓치고 싶지 않았다. 그 생명이 가진 빛과 교감하는 기쁨을 나는 꼭 소중한 한 컷으로 남겨두고 싶었다. 그렇게 보존해왔던 넘치는 생명력을 나누고 싶다는 열망에 드디어 사진전을 열었다. 전시관에 들어서자마자 생명의 찬가가 들려온다. 시원한 바람이 일렁이고 꽃향기가 느껴지고 따사로운 햇살을 받고 있는 듯한 느낌. 오감을 골고루 자극하며 내가 온전히 살아있음을 느끼게 해주는 그 순간으로 사람들을 초대하고 있다. 내가 처음 생의 기쁨을 만났던 그때처럼.

7. 충만한 일체감을 느끼는 몸과 마음 (2027.8.7)

몸이 스스로 치유하는 신비를 거듭 체험해가며 나는 몸을 더 깊이 사랑하게 되었다. 육신은 고달픔과 괴로움을 만들 뿐이라는 생각이 지배적이었는데, 이제는 육신이 생명력과 충만감을 맘껏 누리게 해주는 고마운 존재라는 걸 깊게 체험해가고 있다. 몸을 통해 들어오는 이 충만한 에너지에 신의 사랑이 깃들어 있음을 느끼며, 육신을 선물 받은 이 삶에 감사하다. 긴장과 억압으로 잔뜩 움츠러들었던 내 몸은 풀어내고 풀어내는 과정을 거듭하며 심신의 평화로운 합일을 종종 경험하게 되었다.

8. 깨어 다시 바라보는 그 (2025.9.8)

남편과 함께하는 이 시간이 참 소중하다. 이 남자와 이렇게 즐거울 수 있다는 것이, 우리가 대화가 통한다는 사실이 놀랍기만 하다. 늘 겉돌기만 했던 우리의 대화가 서로의 진심을 어루만져 주고 있다니! 아이들과만 이 교감이 이루어지는 줄 알았다. 이 남자와 함께 운동하고, 영화 보고, 마주 보고 밥 먹는 소소한 일상들이 그저 기쁘다. 2년 전 내 볼에 닿았던 그의 손길이 잊고 살았던 내 감각을 깨운 것처럼, 둔해져 버린 내 감각을 다시 깨워주고 살려내 준 이 사람이 옆에 있어 참 든든하다. 우리는 서로를 깨우는 아주 좋은 파트너였구나!

9. 세계 일주 (2032.11.7)

친구와 둘만의 세계 일주, 우리는 자유롭게 떠다닌다. 이 얼마나 달콤한 자유인가. 여행이란 건 사치인 줄만 알았던 내가 이 달콤함에 흠뻑 취해 있을 줄이야! 오늘은 어떤 곳을 탐험하게 될까? 오늘은 또 어떤 나를 만나게 될까? 가는 곳곳마다 뜨겁게 반응하는 내 몸과 마음을 보며 너 이제 활짝 열려 있구나 싶어 반가운 마음이 든다.

고교 시절, 함께 누워 잠을 청하던 그 밤. 삶의 힘겨움에 눈물짓던 너와 내가 이렇게 홀가분하고 자유롭게 떠날 수 있게 되었다니 너무나 벅찬 순간이다. 10년 사이 너와 나의 어깨가 참 가벼워졌다는 것. 언제든, 어디로든 떠날 수 있는 가벼운 몸이 되었다는 것. 우리는 꿈이나 꿨을까.

10. 서로 돕는 삶 (2027.12.24)

마음공부를 해오며 서로의 상처들을 오랫동안 지켜봐 온 동지들이 있다. '이렇게 가는 게 맞나?' 불안하고 초조하고 서툴기만 했던 그 시절. 그래도 함께라서 든든하고 의지가 됐던 벗들. 우리는 지금 각자의 자리에서 자기 삶의 주인으로 온전한 모습으로 살아가고 있다. 저마다 자신의 강점을 발휘하며 치유를 돕는 사람으로. 필요할 때 언제나 서로의 도움을 청하고 기쁘게 내어줄 수 있는 관계가 되었다. 나만의 콘텐츠로, 또 우리들의 콘텐츠로 더 새로운 것들을 창조해가는 일상이 참 재미나다.

지난 여정을 토대로 그려본 나의 미래가 꽤 근사하다. 좀 더 정확하게 이야기하면 평온하다. 이 평온한 시간을 꿈꿀 수 있다는 자체가 내가 지금껏 만들어 낸 기적인지도 모르겠다.

스승이 닦아 놓은 토대 위에 서보는 경험은 새로운 세상을 만나게 했다. 내가 보지 못한 저 너머를 이미 가보고 살짝 등 떠밀어주는 존재. 안전하다고, 괜찮다고 나직이 말해주는 그 존재가 있었기에 상상조차 할 수 없었던 시간 속으로 묵묵히 잘 걸어 나올 수 있었다. 두려움에 떨던 내가 안도감을 느끼며 한발 한발 나아갈 수 있었고, 나에 대한 믿음을 조금씩 회복하며 더 큰 용기를 낼 수 있었다.

줌미팅 때 '진정한 내가 되었다'는 도반의 고백에 뜨거운 눈물이 함께 터졌다. 그랬다. 우리는 그간 내가 되기 위해 처절한 몸부림을 쳐왔다. '나 아닌 나'로 살아가는 숱한 시간 동안, 버텨내느라 안간힘을 써왔던 우리들. 나를 찾아 하염없이 헤맸던 시간들이 스쳐 지나갔다. 이 여정을 통해 이제는 그리 고백할 수 있게 되었다는 사실이 벅차고 감격스럽다. (그녀를 껴안고 엉엉 울고 싶었던 순간.)

지난 12주간의 여정은 이제 끝났다. 나의 과거, 현재, 미래를 탐험하며 엮어낸 기쁨들이 참 소중하다. (어릴 때 만화에서나 보던 시간 탐험을 아주 알차게 즐긴 셈 ^^)

늘 나를 옥죄던 과거, 도무지 상상조차 할 수 없었던 미래였거늘 그 무엇도 배척당하지 않고 조화롭게 만나고 흘러가는 과정이었다. 그 무엇하나 부정하지 않고 이 시간 속으로 초대해 끌어안는 경험을 통해 과거도, 현재도, 미래도 모두 완전함 그 자체임을 깨닫게 되었다. 이제는 고백할 수 있을 것 같다. 나의 과거도, 현재도, 미래도 모두 사랑한다고...♡

이 길 위에 서게 해주신 아난다 선생님께 깊이 감사드리며, 서로의 길 밝히며 함께 걸어와 준 도반에게도 깊이 감사합니다. 기쁨과, 감사와, 사랑을 전합니다.♡

에필로그 : 스스로의 기쁨으로 세상을 기쁘게 하라

늘 말씀드리던 '스스로의 기쁨으로 세상을 기쁘게 하라'는 제 존재의 이유입니다. 제가 가장 잘하고 또 재미있어하는 일로써 세상에 공헌하며 살고 싶다는 소망이 담겨있는 슬로건이죠. 이런 방향성을 가진 제게 세상이 열리는 순서는 '나身→가족家→사회國→천하天下'가 될 것입니다.

짐작하시겠지만 〈대학〉의 '수신제가치국평천하修身齊家治國平天下'에서 힌트를 얻었는데, 곰곰이 생각해보니 '修(닦을 수), 齊(가지런할 제), 治(다스릴 치), 平(평평할 평)' 이 모든 활동들을 가능하게 하는 기반이자, 이 모든 활동들의 궁극적인 목적이 사랑이라는 것을 알게 되었어요. 적어도 제 경우는 말이죠. 그래서 바꿨죠. '애신애가애국애천하愛身愛家愛國愛天下'.

우선 앞으로 10년은 저 자신의 기쁨을 갈고 닦기 위해 최선을 다할 것입니다. 구체적으로는 아이들의 성장주기에 따라 달라지는 '엄마' 역할에 정성을 다해 볼 생각이에요. 이 시기, 아이들과의 충분한 교감은 엄마로서 누릴 수 있는 최고의 기쁨이라는 것을 깨달았거든요. 이 특권을 만끽하기 위해서라도 부지런히 읽고 쓰고, 제 몸을 돌보는 데도 정성을 다 할 것입니다. 이 기간엔 바깥 활동에 대한 욕심은 과감히 접어 둘 거예요. 그렇게 열심히 번 기쁨의 절반은 뚝 짤라 나중을 위해 저축해두고, 나머지 절반은 가족과 지인들에게 아낌없이 쓸 계획입니다. 이 과정에서 애신애가愛身愛家 단계 클리어!

다음 10년 동안엔 본격적인 애국애천하愛國愛天下 단계. 문화사업을 할 겁니다. 이 단계에서 제가 만나게 될 첫 세상은 아마 저처럼 한참 아이를 키우는 엄마들이 될 거예요. 그 다음은 그 엄마를 아내로 가진 남자들과 아이들이 행복해지겠지요? 경제나 정치 논리로 사장된 세계 곳곳의 문화유산들을 잘 보존해 융합하면 '엄마'라는 역할을 가진 여인들과 그들과 더불어 사는 이들의 영혼을 구할 수 있는 정수精髓가 나와 주리라고 믿으니까요. 저의 개인적 경제

활동의 궁극적 목적이기도 하죠. 아마 이 시점엔 저 충분히 부자가 되어있을 겁니다. 우주가 제 스폰서가 되주기로 했거든요. 그만큼 필요한 일이니까요. 요약하면, 10년간 독하게 기쁨의 종자돈을 모아두고 나면, 다음부턴 기쁨이 기쁨을 버는 선순환이 이루어지리라는 거죠. 지금은 너무나 보잘 것 없지만 복리로 10년간 굴리면 인류 모두에게 혜택을 줄 만큼 충분해지지 않을까요?

2010.9 구본형변화경영연구소 수업 기록 중에서

애신애가애국애천하愛身愛家愛國愛天下, 10여 년 전 나는 사랑이 움직이는 것이라고 생각했었나 보다. 나에 대한 사랑을 클리어하고 나면 가족에게 로, 가족에 대한 사랑이 클리어되면 그 사랑을 거두어 조금 더 큰 사회 로. 이렇게 마치 사랑이라는 바톤을 다음 주자에게 넘기는 이어달리기 방 식으로 삶이 진행된다고 믿었던 것 같다. 아마도 그것은 다른 사람들의 인정과 칭찬을 구하러다니느라 나 자신과 가족들에게 소홀했던 오랜 세월 의 반작용이었을 것이다.

그렇게 스승과 함께했던 1년을 통해 나는 난생 처음 남에게 보여지는 모 습에 신경 쓰느라 오래 돌보지 못하고 방치해 두었던 내 안의 작고 어린 존재를 자각하고 돌보는 작업을 시작할 수 있었다. 그리고 나서야 어디서 뭘 해도 채울 수 없던 만성적인 결핍감이 사라지는 것을 체험했다. 내가 충분히 행복하지 못한 것이 외적 성취의 부족 때문이라는 오래된 신념체 계가 흔들리기 시작한 것은 당연한 수순이었다.

하지만 그 작은 체험으로 '세상을 깜짝 놀라게 할 만한 엄청난 성취로 온 세상의 사랑과 인정을 한 몸에 받고 말겠다'는 열망을 송두리째 갈아치우 지는 못했다. '나 자신을 사랑하는 것만으로도 충분히 행복해질 수 있다' 는 좀 더 확실한 증거가 필요했다. 스스로 '애신애가愛身愛家'라고 명명했 던 10년은 바로 그 증거를 수집하기 위한 탐험의 시간이었다. 대외적인 명분은 '아이를 기르는 시간'이었지만 실은 나 자신을 충분히 돌보고 기다리는, '애신愛身의 연장'이었던 거다.

물론 이것은 어디까지나 그 세월을 다 보내고 난 현재적인 해석이다. 당시의 나는 스승과 함께 하는 1년을 통해 스스로에 대한 돌봄, '애신愛身'의 과정은 만족스럽게 클리어되었다고 믿고 있었다. 나에 대한 사랑을 회복한 그 방법을 배우자와 아이들에게 적용하는 시간, 다시 말해 '애가愛家'의 단계가 필요하다고 이해하고 있었던 거다. 그 시간으로 장장 10년을 배당할 수 있었던 것은 나를 사랑함으로써 얻은 기쁨의 임팩트가 그만큼 컸기 때문이었을 것이다. 그 충만함을 가족들에게도 충분히 전달하고 싶었다. 간절했던 만큼 더 이상을 논할 수 없을 만큼 최선을 다했다. 그 최선을 가능하게 했던 동력 중에는 이 시간을 다 보내고 나면 내게 주어질 '멋진 보상'에 대한 기대도 포함되었음을 고백한다.

그렇게 약속했던 물리적 시간이 다 흘렀다. 약속했던 시간이 임박해 올 즈음엔 마치 제대를 앞둔 군인처럼 날짜를 세며 전혀 다른 세상이 펼쳐지게 게 될 그 날을 기다렸던 것도 사실이다. 하지만 기대했던 '마법'은 벌어지지 않았다. 약속했던 그 날짜가 지난 다음 날에도, 그 다음 날에도 일상에서는 어떤 변화도 감지되지 않았다. 실망하지 않았다면 거짓말일 거다. 오직 이 마법의 날만을 손꼽으며 보냈던 세월이 억울하기도 했다. 한참을 그렇게 부대끼고 있다가 문득 스스로에게 질문하게 되었다.

눈에 보이는 외적인 성과만을 따라다니느라
미처 살피지 못했던 울타리 안을
정성을 다해 살피고 돌볼 수 있었던 시간을 가질 수 없었다면
지금쯤 나는 어떤 삶을 살고 있을까?

갑자기 살갗에 소름이 확 올라왔다. 끊임없이 다른 사람들의 눈치를 살피며 노심초사 불안해하던 10여 년 전의 내 모습을 기억해냈기 때문이었다. 그리고 나자 비로소 나와 가족을 여한 없이 사랑할 수 있었던 지난 10년은 그 자체가 이미 눈부시게 아름다운 성과였다는 것을 알아차릴 수 있었다.

그렇다면 남은 시간을 어떻게 살아야 할지도 분명해졌다. 정성을 다할 수 있는 현장이 있다는 것에 감사하며, 할 수 있는 최선을 다해 내게 주어진 현장을 가꾸어 나갈 것! 그 자체가 이미 빛나는 축복임을 기억할 것! 내게 쏟은 정성에 상응하는 성과를 내야 한다는 압박이 사라지자 전에 없던 충만감이 밀려왔다. 그리고 알게 되었다. 그토록 그리워하던 '사랑'이란 '보상'에 대한 기대 없이 정성을 다 할 수 있는 힘이었다는 것을. '애신애가愛身愛家' 단계에서 반드시 익혀야 하는 것이 바로 이 사랑의 감각이었다는 것도.

여기까지만 해도 넘치게 고마웠을 텐데 또 하나의 고마운 깨달음이 나를 찾아왔다. '애신애가애국애천하愛身愛家愛國愛天下'가 나에게 세상이 열리는 순서라고 했지만, 그것이 나에 대한 사랑을 거두어 가족에게, 또 가족에 대한 사랑을 거두어 나라에, 이런 방식으로 진행되는 것이 아니다. 여기서 말하는 나와 가족과 나라와 천하는 다른 존재가 아니다. 다시 말해 나를 깊이 사랑하는 것만으로도 가족과 나라와 천하를 더불어 사랑할 수 있는 것이다.

그때였다. 심지어는 '사랑이 미치는 범위'로 마저 삶의 진도와 우열을 가늠해 보려던 낡은 신념체계가 완전히 부서져 내리는 소리가 들렸다. 맞다. 그것은 10여년 전 스승과 함께했던 1년을 통해 균열이 시작되었던 바로 그것, 세상을 우와 열, 이익과 손해, 선과 악, 옳음과 그름으로 재단하고 어떻게든 '좋은' 쪽만을 취하려던 이원성의 세상이 끝나는 소리였다.

이제 남은 것은 그저 사랑뿐이다. 세상의 모든 것을 다 담고 있으나 여전히 푸르고 아름다운 바다와 같은 사랑으로 남은 삶을 천천히 물들여 가고 싶다. 그러다 비로소 바다 그 자체가 되는 그날이 오면 더없는 기쁨으로 또 다른 세계로 열린 그 문으로 걸어 들어갈 수 있었으면 좋겠다.

내가 서 있는 자리

스스로의 기쁨으로 세상을 기쁘게 하는 삶을 향한 여정을 시작하기 전 내가 서 있는 자리를 돌아 봅니다. 스스로에게 질문을 던지고 곰곰이 생각합니다. 자신의 現상황에 맞지 않는 질문은 과감히 넘어가도 좋지만 *표시된 질문에는 정성을 다해 대답해 보기로 합니다.

1. 일반적인 하루 일과가 어떤가요?

2. 하루 중 가장 좋아하는 시간은 언제인가요? *

3. 아이를 기다리는 시간(혹은 자유시간)을 어떻게 보내시나요? *

4. 집안일(육아 포함) 중 적성에 맞는 일이 있나요? 있다면 무엇인가요? (3가지 정도)

5. 집안일 중 가장 시간이 많이 드는 일은 무엇인가요?

6. 현재 일상에서 가장 스트레스 받는 일은 무엇인가요? (3가지 정도)

7. 직장 생활을 했나요? 했다면 어떤 종류의 일인가요?

8. 당신이 잘 할 수 있는 것은 무엇인가요? (3가지 정도)

9. 당신이 정말 하고 싶은 일은 무엇인가요? (3가지 정도)

10. 당신이 다른 사람에게 줄 수 있는 것은 무엇일까? (재능. 강점 등 3가지 정도)

11. 직장을 그만둔(휴직중이라면, 쉬고 있는) 이유는 무엇인가요? 결혼 혹은 가정 생활과 관련이 있나요?

12. 본인에게 책임이 있다고 여기는 가장 가슴 아픈 장면이 있나요? 구체적인 사례를 들어 묘사해 주세요.

13. 지금의 당신을 만든 세 가지 경험을 꼽는다면 어떤 것이 있을까요? *

14. 당신 어머님의 삶과 당신의 삶은 다른가요? (남성의 경우, 당신 아버님의 삶과 당신의 삶은 다른가요?) 다르다면 어떻게 다른가요? *

15. (딸이 있다면) 딸의 삶이 당신(아내)의 삶과 같을까요? 다를까요?

16. (아들이 있다면) 아들의 삶이 당신(남편)의 삶과 같을까요? 다를까요?

17. 아이들을 언제까지 뒷바라지해 줘야 한다고 생각하나요?

18. 당신의 장점 중 아이에게 꼭 물려주고 싶은 것은 무엇인가요?

19. 존경하는 여성이나 역할 모델로 삼고 있는 사람이 있나요?

20. 자신의 미래에 대해 어떤 꿈을 가지고 계세요?

21. 〈아이를 기다리는 시간〉에 도전하는 이유는 무엇인가요? *

※ 여기까지 오신 것을 진심으로 축하드립니다. 저처럼 혼자 하는 〈아기시〉를 원하신다면 10페이지로 돌아가 자신의 리듬대로 주어진 질문에 답해봅니다. 소나님과 파랑님처럼 저와 함께 하는 〈아기시〉를 원하신다면 『아난다 프랙티스』의 프로그램 공지를 참고해 주세요. ^^